Münster
Der *neue* Stadtführer

Aus Münster
Für Münster
Von begeisterten Münsteranern

*Mit Spaß, Herzblut, Charme,
interessanten Hintergründen und jovlen Geschichten*

*Mit Krimi-Special, Masematte, Stadtgeschichte,
Leezen, Meimel & 200 Münster-Fotografien*

mmm
münstermitte
medienverlag

Eine Einladung zum Entdecken, Staunen und Wohlfühlen...

Unser Stadtführer bündelt die Expertise derer, die in Münster leben und/oder groß geworden sind. Sie haben sich die Frage gestellt, was möchte ich einem Freund zeigen, wenn er mich besucht, was kann ich ihm empfehlen. Herausgekommen sind dabei ein Steckbrief der Stadt für den ersten Überblick sowie 8 Stadtrundgänge, die beliebig kombinierbar sind, 4 Touren-Tipps für die, die mehr ins Grüne wollen und ein Eventkalender - in Münster ist immer eine Menge los. Sie erhalten inspirierende Erläuterungen zu Interessantem, Ernstem, Spaßigem und Merk-würdigem - und bei den Münsteranern ist einiges merkwürdig -, begleitet von brillanten Fotografien, die Ihnen sofort das zeigen, was erläutert wird.

Vertiefende geschichtliche Ausführungen finden Sie in roten, Hintergründe und Anmerkungen in blauen und Gastronomie-Tipps in grünen Textblöcken. Die wichtigsten Geschehnisse in der Geschichte der Stadt haben wir in einer Zeittafel von 793 bis heute festgehalten und für unsere Krimi-Fans haben wir alle Drehorte akribisch aufgelistet und auf den Rundgängen markiert. Los geht's! Folgen Sie uns und erleben Sie unsere Stadt!

...aus Münster von begeisterten Münsteranern

Mit Charme und Herzblut für die „lebenswerteste Stadt" verfasst von **Dr. Lisa Brößkamp**, die ihr fundiertes Stadtwissen bereits in ihrem Buch „Münsters beste Seiten - Das Stadtlexikon" gezeigt hat. Sie nimmt Touristen und auch Münsteraner an die Hand und zeigt ihnen ihre Stadt. Hier fehlt auch nicht das gewisse Augen-zwinkern, wenn es z.B. um das Verhältnis der Münsteraner zur Kunst geht.

In vielen Büchern und Kalendern hat er seine Heimatstadt bereits stimmungsvoll in Szene gesetzt. Von der Leica bis zur Hasselblad - eine Kamera passt immer. Das Ergebnis: brillante und stim-mungsvolle Fotografien aus der gesamten Stadt, die der Fotograf **Gösta Clemens Peter** auf ständiger Suche nach dem besten Foto auch für dieses Buch geschossen hat.

Sie haben als Münster-Fotografen ihre ganz besonderen Stadt-Ansichten eingebracht, z.B. aus dem Heißluftballon wie **Helmut Peter Etzkorn** und **Andreas Löchte** oder interessante Details wie **Uwe Krüger** oder die besondere Atmosphäre zur Blauen Stunde wie **Thomas M. Weber**.

Texte und Fotografien interessant und attraktiv verpackt hat der Münsteraner Grafiker **Michael Krybus**, dem als Fan beider Münster-Krimiserien auch unser Krimi-Special zu verdanken ist.

AUF EINEN BLICK

Münster muss man erleben!

Das Zusammenspiel von Jung und Alt, Historie und Moderne sowie regionale Besonderheiten machen den ganz besonderen Charme und die Schönheit Münsters aus.

Münster – Friedensstadt

Münster ist die Stadt des Westfälischen Friedens. Auch wenn dieses historische Ereignis schon 370 Jahre zurückliegt, sieht die Stadt es als ihre Verpflichtung, dieses Stück europäischer Geschichte auch für zukünftige Generationen lebendig zu halten. Im 17. Jahrhundert machte Münster in kürzester Zeit eine gesellschaftliche Totalwandlung durch: vom ländlichen Münster zur multikulturellen Hochburg. Grund waren die Friedensverhandlungen. Zu Beginn des 17. Jahrhunderts erwuchsen durch die in der Reformation hervorgerufenen Glaubensspaltungen viele religiöse Konflikte.

Sie mündeten in den 30-jährigen Krieg, der fast alle Länder Europas miteinbezog. Die 5-jährigen Friedensverhandlungen führten am 15.05.1648 im **Friedenssaal** des Rathauses zur

Unterzeichnung des spanisch-niederländischen Friedens, dem im Oktober der Abschluss des Westfälischen Friedens folgte.

Allgegenwärtig ist der Begriff „Frieden" in der Stadt. Am Rathausturm am Platz des Westfälischen Friedens hängt eine **Friedenstaube**, ein Relief des Münsteraner Künstlers Rudolf Breilmann aus 1966. 1998 zum 350. Friedensjubiläum wurde erstmals der **Westfälische Friedenspreis** verliehen, seither findet die Preisverleihung alle 2 Jahre in Münster statt. Preisträger sind u.a. der Dalai Lama, Kofi Annan und Helmut Schmidt. Vor dem Rathaus trägt ein Kanaldeckel das Symbol des „Friedensjahres 1998".

2018 jährt sich die Friedensunterzeichnung zum 370. Mal. Und da kommt dem Thema Frieden eine ganz besondere Rolle zu. Die Stadt erinnert zum einen mit einem großen Ausstellungsprojekt daran sowie an das Ende des Ersten Weltkrieges vor 100 Jahren, zum anderen ist sie Gastgeberin für den Deutschen **Katholikentag**, dessen Programm sich ebenfalls um das Thema dreht. Dabei stehen vom 9. bis 13. Mai rund 1.000 Veranstaltungen an rund

100 Orten unter dem Leitwort „Suche Frieden". Parallel greifen verschiedene Museen das Thema in dem Ausstellungsprojekt „**Frieden. Von der Antike bis heute**" (28.04.-02.09.2018) auf, für das Bundespräsident Frank-Walter Steinmeier als Schirmherr fungiert.

Münster – Fahrradhauptstadt

Wer in Münster im Straßenverkehr Sonderregelungen genießen möchte, wie extra ausgewiesene Fahrspuren, eigene Ampelschaltungen und beidseitiges Einbahnstraßenfahren, der steigt auf's Rad bzw. auf die Leeze (**Masematte** (-> S. 10) für Fahrrad). Das Fahrrad ist das meistgenutzte Verkehrsmittel und so wundert es nicht, dass täglich mehr als 100.000 Menschen mit der **Leeze** auf dem über 300 km langen Radwegenetz unterwegs sind. Mit der Promenade (-> S. 67) existiert sogar eine „**Fahrradautobahn**" rund um die City. Ca. 500.000 Räder sind in Münster registriert, bei knapp 310.000 Einwohnern. Dies hat einen einfachen Grund: Viele sind auf ihr

Rad angewiesen und sollte es einmal kaputt sein oder nach heftiger Feierei stehen gelassen werden müssen, muss ein 2. Rad parat stehen. Bei dieser Menge an Fahrrädern ist es kein Wunder, dass sich in Münster das größte **Fahrrad-Parkhaus** Deutschlands inklusive **Fahrradwaschanlage** befindet. Leider gibt es auch einen negativen Aspekt und das sind die Fahrraddiebstähle: Fast jede 6. hier begangene Straftat zählt dazu.

Münster – Stadt des Regens

„Heimat des Regens" – das ist Münster, zumindest wenn man dem päpstlichen Gesandten bei den Friedensverhandlungen zum Westfälischen Frieden im 17. Jahrhundert, Fabio Chigi, glaubt. Aber wie sieht es denn nun wirklich mit dem Meimel - Masematte (-> S. 10) für „Regen" - aus? Mit rund 800 mm pro Jahr und Quadratmeter liegt Münster im bundesdeutschen Durchschnitt. Allerdings ist Münster mit knapp 200 Regentagen – wenn auch meist nur tröpfelnd – ziemlich weit oben in der nationalen Wetterfrosch-Statistik. Dagegen gibt es aber auch rund 1.600 Sonnenscheinstunden und die Winter sind milder als in anderen Regionen des Landes. Und überhaupt ist es in Münster auch bei und trotz Regen viel schöner als woanders. Münster hat schließlich einen Allwetterzoo und Arkaden, die das Shoppen auf dem Prinzipalmarkt auch trockenen Fußes ermöglichen.

Münster – Stadt der Wissenschaft

In 8 Hochschulen wird in Münster Zukunft gemacht. Die Uni in Zahlen: 15 Fachbereiche, 110 Fächer in 280 Studiengängen, 7.900 Mitarbeiter, darunter 614 Professoren, 62 Junior-Professoren und 5.050 wissenschaftliche Mitarbeiter. (Stand WS 2017/18). Dazu kommen noch 10.000 Menschen, die in den Unikliniken arbeiten. Spitzenforscher tummeln sich im Max-Planck-Institut für Molekulare Biomedizin, im Wissenschaftspark am Technologiehof und im Center for Nanotechnology.

Münster – Stadt der Kunst und Kultur

Münster ist Kulturstadt von internationalem Rang. Faszinierend ist das breite Spektrum der Kultur, ob in den oft temporären Locations einer vibrierenden jungen Szene, in einem der über 30 Museen (-> S. 106) oder im öffentlichen Raum.

Einzigartig präsentieren sich über 60 Skulpturen im öffentlichen Ausstellungsraum innerhalb Münsters wie sonst nirgendwo auf der ganzen Welt. Die Werke sind zum größten Teil für

SkulpTouren
S. 116

die „**Skulptur.Projekte**" entstanden, eine Ausstellungsreihe, konzipiert und durchgeführt vom LWL-Museum für Kunst und Kulturgeschichte des Landschaftsverbandes Westfalen-Lippe. Erstmals 1977 und danach alle 10 Jahre wird Münster ein Laboratorium für „**Kunst im öffentlichen Raum**". Internationale Künstler bekommen die Möglichkeit, Skulpturen für bestimmte Orte in Münster zu realisieren: hochaktuelle Kunst in einem städtischen Umfeld von historischer Bedeutung. Kein Wunder, dass bodenständige Münsteraner sich anfangs schwer taten, moderne Kunst in ihrer historischen „Festung" zu akzeptieren. So empfanden viele Bürger die Arbeiten als Schandfleck.

Teilweise konnten die Künstler nur unter Polizeischutz arbeiten. 1977 wurde sogar versucht, die Giant Pool Balls in den Aasee zu rollen und 1987 wurde eine zitronengelbe Madonnenfigur mehrmals aus der Innenstadt „verschleppt". Doch ab der 3. Ausstellung 1997 wandelte sich das Bild. Münster freute sich über die Kunst und über die zahlreichen Besucher aus aller Welt. Über eine halbe Million Kulturbegeisterte machen die Stadt seitdem während der Ausstellungen zum Hotspot der internationalen Kunstszene. Von den Skulpturprojekten sind etliche Kunstwerke in der Stadt geblieben, von diesen Relikten sind ein paar inzwischen Ruinen, andere hingegen werden wie Reliquien verehrt oder haben sich sogar zum Wahrzeichen etabliert.

Münster – Stadt der Kirchen

Münster ist eine Stadt der Kirchen. Das zeigt nicht nur ihre von Kirchtürmen geprägte Skyline. Münster ist **Bischofssitz** und Domstadt und insbesondere die Innenstadt zeichnet sich durch eine Vielzahl von beeindruckenden Gotteshäusern aus. Bekannt sind diese Gotteshäuser in erster Linie wegen ihrer überwiegend romanischen aber auch gotischen Bauweise. Aber ihre stilistische Bandbreite ist durchaus größer. Den Betrachter erwartet - nicht nur in der Architektur sondern auch in der Ausstattung - ein großes Spektrum an Epochen und Kunstgattungen. Kirchen sind immer ein Ort der Zusammenkunft und daher laden sie auch ein, an Gottesdiensten teilzunehmen. und zum Verweilen, sowie zu Ruhe und Besinnung inmitten des geschäftigen Alltags.

Münster – Krimistadt

Ausgerechnet Münster, die beschauliche Westfalenmetropole - eine Hochburg des Verbrechens? Schwer zu glauben, ist aber so, zumindest in 2 beliebten Fernsehkrimi-Serien. Millionen Menschen verfolgen am Bildschirm, wenn **Privatschnüffler Wilsberg** oder das exzentrische **Tatort-Duo Boerne und Thiel** hier auf Verbrecherjagd gehen. Pro Jahr werden in Münster 2 Tatort- und 4 Wilsberg-Filme gedreht. Münster bietet eben ein perfektes Ambiente - auch als Filmkulisse. Mord vor Ort! Die Figur des Georg Wilsberg entstammt einer erfolgreichen Romanreihe, verfasst von dem Münsteraner Autor Jürgen Kehrer. Der Buchantiquar leidet permanent an Geldmangel und nimmt nebenbei Aufträge als Privatdetektiv an. 1995 wurde der erste Wilsberg-Krimi ausgestrahlt, damals noch mit Joachim Król in der Titelrolle. Seit 1997 verkörpert Leonard Lansink den Schnüffler. Skurrile Typen mit geistreich witzigen Dialogen und häufig jede Menge Klamauk statt blutigem Ernst, damit punktet der Münster-Tatort, der 2002 zum ersten Mal ausgestrahlt wurde. Bundesweite TV-Einschalt- rekorde sind dem Ermitt- lerduo Kommissar Thiel (Axel Prahl), der seine FC St. Pauli-Accessoires stolz  durch die Provinz trägt, und dem arroganten Pathologen Professor Boerne (Jan Josef Liefers) sicher.

Die Münsteraner lieben es, ihre Stadt im Fernsehen zu erleben, auch wenn sie nicht selten von den Orten des Geschehens mit dem Drumherum überrascht werden. Und genau das fasziniert auch die Touristen in Münster, die sich begeistert auf die Spuren der Kriminalisten machen und die **Schauplätze** unter die Lupe nehmen. Sie sind glücklich, wenn es genauso aussieht wie im Film, und überrascht, wenn die Realität eine andere ist: Ein Imbisswagen lockt auf den Domplatz, sicherlich manches Mal ganz praktisch, in Wirklichkeit aber höchstens einer von vielen Ständen beim Wo- chenmarkt. Autofahren über den Prinzipalmarkt in Richtung Stadt- hausturm und durch so manch eine Seitengasse – in Wirklichkeit ein absolutes No-Go. Dort, wo ein lebhaftes Hin- und Wegfahren am Polizeipräsidium stattfindet, stehen normalerweise die Fahrräder der Erziehungswissenschaftler und Romanisten (Bispinghof 5/6).

Münster und seine Ermittler – im Laufe der Zeit hat sich hier eine Zuneigung entwickelt, die durchaus auf Gegenseitigkeit beruht. Ist die Stadt mal wieder fest in Filmhand, sind die Münsteraner dabei und verfolgen die Drehs regelmäßig mit viel Sympathie. Auch die 3 Ermittler sind inzwischen echte Münster-Fans. Leonard Lansink ist seit Jahren Mitglied des Fußballclubs SC Preußen Münster und sorgt mit seinen Kollegen beim **Promikellnern** (-> S. 105) auf den Aaseeterrassen für ein großes Spendenaufkommen zugunsten der Krebsberatungsstelle Münster. Axel Prahl engagiert sich in Kultur- diskussionen und setzte sich z.B. für den Erhalt der Skulptur Paul Wulf (-> S. 75) ein. Jan Josef Liefers ist einer der Gastgeber des Münsteraner Krimi Cups, dessen Erlöse an die NCL Stiftung für den Kampf gegen Kinderdemenz gehen.(-> auch S. 112)

Münster – Stadt der Gegensätze

Einerseits ist unübersehbar, dass Münster zu den „***Historic Highlights of Germany***" zählt: Das Panorama der Kaufmannsgiebel am Prinzipalmarkt, der mächtige St. Paulus-Dom, das barocke Schloss, die Spuren der Täufer, jahrhundertealte Kirchen und elegante Adelshöfe prägen das Stadtbild. Andererseits schlägt der Puls der alten Westfalenmetropole überraschend jung und lebendig: Für quirliges Leben und stetig neuen Zustrom sorgen 60.000 Studierende – deren Bevölkerungsanteil ist für eine Großstadt mit knapp 310.000 Einwohnern deutschlandweit einzigartig. Genau dieser faszinierende Mix aus gewachsener Tradition und **quicklebendiger Gegenwart** macht Münsters Charme aus.

Beim Gang durch die Stadt finden Sie auf Schritt und Tritt überraschende Kontraste: Sie machen einen Einkaufsbummel durch exquisite Läden unter Bogengängen und erleben Bodenständiges auf dem Wochenmarkt nebenan, ein Szenelokal befindet sich in historischen Gemäuern, eine junge Musikerin wacht als Türmerin in einem der ältesten Ämter der Stadt, moderne Architektur fügt sich ein in historischen Kontext.

Münster – Weihnachtsstadt

Wenn die Stadt wieder ganz besonders glänzt, am Montag vor dem 1. Advent, ist es soweit: Alle Jahre wieder zur Adventszeit erstrahlt Münster nicht nur im Glanz seiner angestrahlten historischen Gebäude, sondern zusätzlich im Lichterglanz seiner **5 Weihnachtsmärkte**, die sich wie die Perlen an einer Schnur einmal durch die Stadt ziehen, jeder mit eigenem Flair.

Der größte und älteste Weihnachtsmarkt befindet sich auf dem Platz des Westfälischen Friedens im Innenhof des Rathauses. Ein 20 m hoher Lichterbaum an der Lambertikirche wird umringt von kleinen blauen Spitzdachbuden: hier findet der Lichtermarkt St. Lamberti statt. Ein Weihnachtsdorf ist rund um das Kiepenkerl-Denkmal am Spiekerhof aufgebaut. Vor den historischen Gemäuern der Überwasserkirche schlendern die Besucher über den romantischen Giebelhüüskesmarkt und die 6 m hohe Holzpyramide ist Erkennungszeichen des Weihnachtsmarkts am Aegidiimarkt.

Münster – Genussstadt

Gastronomisch hat Münster sehr viel Abwechslung zu bieten: So finden sich in der Innenstadt zahlreiche Traditionslokale, die typisch westfälische Spezialitäten auf den Tisch bringen. Daneben gibt es hervorragende Restaurants mit Spezialitäten aus aller Welt. Vor allem durch die Studentenszene ist das Gastro-Angebot weltoffener geworden, internationaler, moderner und zeitangepasster.

Grundlage für die Traditionslokale ist nach wie vor die ländlich-westfälische Küche. Hierzu zählen auch **Töttchen** und **Pfefferpotthast**. Ersteres Gericht wird traditionell aus Kalbsrolle, Kalbskopf und Kalbsherz hergestellt und ähnelt einem Ragout. Pfefferpotthast hingegen besteht aus Fleisch, Brot und vielen Zwiebeln, ein altes westfälisches gulaschähnliches Schmorgericht. Grünkohl mit **Mettendchen**, dicke Bohnen mit Speck, **Wurste- und Leberbrot** und Pfannkuchen, ein ganz spezieller ist der „**Struwen**" am Karfreitag, der aber auch an anderen Tagen schmeckt, sind von der münsterländischen Speisekarte ebenfalls nicht wegzudenken. Eine weitere Spezialität ist das Schwarzbrot **Pumpernickel**, das gerne mit westfälischem Schinken und einem kühlen Bier als „**Westfälisches Dreigestirn**" serviert wird. Das Münsterland ist aber auch für seinen **Spargel** bekannt, der von Mitte April bis Ende Juni die Speisekarten vieler Restaurants bestimmt. Dazu wird gerne Westfälischer Knochenschinken gereicht, während zum Nachtisch frische Erdbeeren auf den Tisch kommen.

Münster – Stadt der Besonderheiten

Masematte: Wer irgendwo auf der Welt die Wörter „jovel" (gut, prima), „schofel" (mies, schlecht) oder „Leeze" (Fahrrad) hört, weiß sofort, hier hat er es mit einem Münsteraner zu tun. In der Tat, diese 3 Wörter sind typisch für Münster. Heute gehören sie zum umgangssprachlichen Allgemeingut. Im Ursprung kommen sie aus der münsterschen **Geheimsprache** „Masematte". Man liest sie immer mal wieder in der Stadt, so ist z.B. die JovelMusic Hall ihr entnommen. Früher wurde diese Sondersprache in den sozial schwächeren Wohngebieten gesprochen. Seit Kriegsende erwacht sie nach und nach wieder zum Leben. Immer häufiger hat man den Eindruck, dass es bei Münsteranern als „chic" gilt, in ihr Vokabular Masematte-Ausdrücke einfließen zu lassen

Beispiele:

Abnippeln – sterben	Leeze – Fahrrad
Döppen – Augen	Meimel - Regen
Fleppe – Gesicht, Führerschein	meschugge – dumm
Jontef – Spaß	Plinte – Unterhose
jovel – klasse, toll	poofen – schlafen
Kaline – Mädchen, Frau	Seeger – Mann, Kerl
Keilof – Hund, Köter	schofel – gemein, schlecht

Korkmännchen: 2017 gab es in Münster eine Invasion kurioser kleiner Figuren mit rundem Bauch und dünnen Beinchen, gefertigt aus Kork und ausgestattet mit verschiedenen Requisiten. Zu sehen waren sie auf Straßen- schildern, Ampeln und Denkmälern. Diese **mysteriöse Kunstaktion** bescherte Münster ein großes Medienecho. Ihr Zweck: Sie sollen Menschen glücklich machen und ihnen Spaß bereiten. Das haben sie geschafft!

Tulpe: Münster hat sogar eine eigene Tulpe, sie kommt, wie kann es anders sein, aus den Niederlanden. Als besonders schö- ne Geste der Verbundenheit zu Münster haben unsere Nachbarn „Münsters Frühlingstulpe" gezüchtet. Die in den Stadtfarben Rot und Goldgelb leuchtende kurzstielige Pflanze wurde im Februar 2012 als „Münsters Frühlingstulpe" getauft.

Speckbrett: Auch das gibt es (fast) nur in Münster: Es wird nicht nur mit Speckbrettern gespielt, es gibt sogar Speckbrett- meisterschaften. Diese „kuriose" **Sportart** hat sich im Jahr 1929 aus einem improvisierten Spiel mit einem Küchenbrett entwickelt und ist dem Tennisspiel sehr ähnlich. Allerdings sind dabei die Muskeln weit stärker gefragt – das Speckbrett ist fast doppelt so schwer wie ein Tennisschläger. Der handgefertigte Holzschlä- ger hat eine Brettform, ist mit kreisrunden Luftlöchern versehen und hat einen längeren Stiel als der Tennisschläger. Inzwischen gibt es lediglich Berlin einen Verein, der diese typisch Münstera- ner Sportart aufgegriffen hat.

münsterleben

Erleben Sie Münsters **Top-Sehenswürdigkeiten** und wir bringen Sie dort hin.

münstercard
Eine Karte für alles und alles ist drin.

20 €
pro Tag/Person

30 €
2 Tage/Person

Prinzipalmarkt:
Flaniermeile &
lebendige
Stadtgeschichte

Beginnen wir mittendrin: in Münsters guter Stube, dem **Prinzipalmarkt** ❶ und hier mit dem schönsten und prächtigsten der Giebelhäuser, dem **historischen Rathaus** ❷. Die reich verzierte, aufwändige Fassade aus Baumberger Sandstein im Stil der Gotik mit dem auffallend hohen Giebel veranlassten schon im 17. Jahrhundert den päpstlichen Friedensgesandten Fabio Chigi, der spätere Papst Alexander VII, zu sagen, „Der Giebel des prachtvollen Rathauses berührt scheinbar fast den Himmel." So wundert es nicht, dass die Europäische Kommission Münsters Wahrzeichen 2015 mit dem Europäischen Kulturerbe-Siegel ausgezeichnet hat.

👍 Kleine Pikanterie am Rande: Verhandelt wurde ausgerechnet in einer Region, die für ihre Sturheit bekannt ist.

Weltbekannt wurde das Wahrzeichen Münsters als **Stätte des Westfälischen Friedens**, weil 1648 zeitgleich hier und in Osnabrück erstmals statt durch Waffen auf Verhandlungsbasis ein Krieg, der Dreißigjährige Krieg in Europa, beendet wurde. 2018, wenn in Münster der 101. Deutsche Katholikentag stattfindet, jährt sich der historische Friedensschluss zum 370. Mal.

Das Rathaus betritt man durch die Bürgerhalle, in der u.a. eine Touristeninformation die zahlreichen Besucher empfängt. Über den Köpfen schwebt hier das Modell eines alten Hanseschiffes, das der Verein der Kaufmannschaft im Jahre 1927 dem Rat der Stadt als

Erinnerung an Münsters Zugehörigkeit zur Hanse – die Stadt wurde 1368 Mitglied – schenkte. (-> S.36) Absolut sehenswert ist der *Friedenssaal* im Stil der Renaissance, wie die historische Ratskammer seit dem Westfälischen Frieden genannt wird. Die Holzvertäfelungen aus dem 16. Jahrhundert, der Kronleuchter und die 37 Porträts der Gesandten des Friedenskongresses bzw. ihrer Regenten wurden in weiser Voraussicht bereits zu Beginn des 2. Weltkriegs in Sicherheit gebracht. Nach der Rekonstruktion des Friedenssaales konnten sie unbeschadet wieder ihren Platz einnehmen. Die aufwändigen Holzvertäfelungen wurden von dem bedeutendsten westfälischen Maler jener Zeit, Hermann tom Ring, entworfen.

Der *Kamin* aus dem Jahre 1621 stammt aus dem Krameramtshaus (-> S. 42), da der alte von 1577 im Krieg zerstört wurde. Mit seinen Symbolen vereint er alles, was dem Münsteraner wichtig ist: Die Verzierungen zeigen die Justitia sowie Symbole und Embleme des Handels und der Schifffahrt. Die Ofenplatte erinnert an den Abschluss des Westfälischen Friedens mit der Inschrift „Pax Optima Rerum" (Der Friede ist das höchste Gut).

Als Münster 1170 das Stadtrecht erhielt, entstand als Vorläufer zunächst ein einfaches Fachwerkgebäude für Versammlungen und Gerichte. Es folgten weitere Um- und Anbauten, das heutige Gebäude mit seinem reich mit Skulpturen geschmückten Treppengiebel basiert auf einem Steinbau aus dem 14. Jahrhundert. Im 2. Weltkrieg wurde das Rathaus vollständig zerstört. Auf Initiative der Kaufleute und durch Mitfinanzierung und Spenden der Bürger Münsters, des Münsterlandes und sogar großer Teile Westfalens konnte das Gebäude originalgetreu wiederaufgebaut werden.

 Mord in Münster S. 114

Der Friedenssaal ist heute wichtigster städtischer Repräsentationsraum. Hier werden die offiziellen Gäste begrüßt und tragen sich ins goldene Buch ein, das inzwischen übrigens schon über 20.000 Eintragungen aus rund 100 Nationen aufweist. Und wer „ganz besonders" ist, darf den hier ausgestellten **Goldenen Hahn** , den Ehrenpokal der Stadt, köpfen und daraus trinken – wie es schon die Friedensgesandten im 17. Jahrhundert getan haben. Der Friedenssaal bietet auch Kuriositäten: ein **Pantoffel** aus dem beginnenden 17. Jahrhundert, der einer Dame zugeschrieben wird, die ihren Ehemann zu den Friedensverhandlungen begleitet hat, und eine **mumifizierte Hand** aus der 2. Hälfte des 16. Jahrhunderts. Sie soll ein Leibzeichen sein, also ein abgetrenntes Körperteil einer ermordeten Person.

Der Hahn ist ganz schön trinkfest:
Mehr als eine Flasche Wein nimmt er auf.

Geöffnet: dienstags bis freitags 10:00-17:00; samstags, sonntags, feiertags: 10:00-16:00 Uhr

Auch außen gibt es am historischen Rathaus neben dem einmaligen Giebel etliches zu sehen:

Ihrem Sieg über die **Wiedertäufer** (-> S 21), einer Glaubensgemeinschaft, die im 15./16. Jahrhundert in Münster herrschte, gedenken die Münsteraner mit den sandsteinernen Köpfen der Anführer, die im Arkadengeschoss am 2. Kapitell von links 5 angebracht sind. An der nordwestlichen Ecke des Rathauses ist mal ein Schwert zu sehen, mal auch nicht, dann ist es in der Bürgerhalle ausge-

Vom Ausgang des Rathauses sieht man geradeaus direkt auf den Ausleger „Pain et gâteau" am Michaelisplatz: Münsters beste Croissants gibt es hier bei Bäcker Krimphove; große Auswahl an herzhaften Tartes.

stellt. Es ist das sog. ***Sendschwert*** ❻, das seit 1578 während der Zeit des dreimal jährlich stattfindenden ***Jahrmarktes***, dem ***Send***, außen aufgesteckt wird und damals die städtische Gerichtsbarkeit über diesen Jahrmarkt symbolisierte. Allerdings ist es seit 2001 eine Replik, da das alte gestohlen wurde. An der Nordwand hängt die „***Preußische Halbe Ruthe***" ❼ aus dem Jahr 1816, ein Längenmaß, mit dem einst in Münster gemessen wurde und das auch für den Handel verbindlich war.

Der ***Rathausinnenhof***, der Platz des Westfälischen Friedens, ist für die sich gegenüberstehenden Stahlbänke extra verändert worden. Die Skulptur „***Toleranz durch Dialog***" ❽ des baskischen Bildhauers Eduardo Chillida lädt nicht nur zum Verweilen ein, sondern verweist auf den Abschluss des Westfälischen Friedens, der durch Verhandlungen sich gegenübersitzender Partner erreicht wurde. „Wer sitzt, kämpft nicht." Abgerundet wird diese Friedenssymbolik durch die Friedenstaube am Rathausturm, einem Relief des münsterschen Bildhauers Rudolf Breilmann.

Links unterhalb der breiten Treppe: „***Klemens im Stadthaus 1***", *Klemensstraße 10. Innen mit Münsteraner Fotowand, außen mit tollen Sonnenplätzen; große Frühstücks,- Salat- und Schnitzelkarte.*

Mord in Münster
S. 114

Direkt neben dem Stadtweinhaus: „***Stuhlmacher***", *Traditionslokal mit Logenplätzen direkt auf dem Prinzipalmarkt, langer Tresen mit 12 Zapfhähnen, westfälische Küche.*

❽
SkulpTouren S. 116

Von den ehemaligen Nebengebäuden des Rathauses existiert nur noch das **Stadtwein-haus** 9 links neben dem Rathaus. Es war ursprünglich das Lagerhaus für den Wein der Stadt. Auf dem vorgelagerten Balkon, dem Sentenzbogen, wurde früher das Todesurteil, die sog. sententia, verlesen. Heute dient er u.a zur Begrüßung bei feierlichen und repräsentativen Anlässen.

Vom Stadthaus ist nur der **Stadthausturm** 10 südlich vom historischen Rathaus erhalten geblieben. Seit 2001 erfreut sein Glockenspiel die Passanten in den Sommermonaten täglich um 11:00, 15:00 und 19:00 Uhr, in der Adventszeit erklingen Weihnachtslieder. Als „**Maxi-Turm**" ist er heute ein „Zufluchtsort" für Kinder, die statt Stadtbummel lieber mit Gleichgesinnten spielen möchten.

Vor dem Rathaus breitet sich Münsters erste Shoppingadresse in ihrer ganzen Pracht aus: der Prinzipalmarkt, Münsters gute Stube, mit seinen 48 Giebelhäusern und den exklusiven **Läden unter den Bögen** 11, ein Haus schöner und ausdrucksvoller als das andere. Postkartenidylle par excellence!

Berühmt ist diese Einkaufsstraße auch durch ihr **Kopfsteinpflaster**, das 1907 gelegt wurde, als Münster sich für den Besuch von Kaiser Wilhelm II. herausputzte, daher wird es auch Kaiserpflaster genannt.

Geöffnet: freitags 14:00-18:00, samstags 10:00-18:00 Uhr, ganzjährig mit Sommerpause in der 2.-5. Woche der Sommerferien, mit qualifizierter Betreuung.

Eigentümergeführte Traditionsgeschäfte gegenüber dem Traditionslokal „Stuhlmacher": Treffpunkte für Liebhaber schöner Schuhe, exklusiver Kleidung und ausgefallener Wohnaccessoires: Schuhhaus Zumnorde, Modehaus Schnitzler und Kösters – Das Haus für Wohnkultur.

Nutzen Sie am besten zur Überquerung die Furten mit den glatten Steinen, die extra für Rollstuhlfahrer, Rollatoren und Kinderwagen angelegt worden sind.

Allerdings ist dieses Huckelpflaster Fluch so manch einer High Heels tragenden Dame, ist es doch ein schwieriges Unterfangen, mit solchen Schuhen unbeschadet das Pflaster zu beschreiten.

Aber damit kann man gut leben, wenn man sich vorstellt, auf einem der schönsten Plätze Deutschlands zu sein, wie das ZDF in seiner Sendung „Die Lieblingsorte der Deutschen" verkündete. Außerdem bietet dieses Kopfsteinpflaster noch etwas Besonderes: Sie können dort über den Jordan gehen. Ein Bodenrelief vor dem Schuhhaus Zumnorde enthält Wasser aus einem ehemaligen Brunnen vor dem Stadthausturm, das Kirchenvertreter mit echtem ***Jordanwasser*** **12** vermischt haben. Als Mahnmal erinnert es an die Schreckensherrschaft der Wiedertäufer (-> S. 21).

Ungefähr im Jahr 1000 haben sich an dieser Stelle erste Kaufleute niedergelassen, seit dem 12. Jahrhundert boten sie auf Tischen direkt vor ihren einfachen Fachwerkhäusern ihre Waren an. Dabei standen sie unter hölzernen Schlechtwetter-Konstruktionen, den Vorläufern der jetzt so berühmten Bogengänge. Später entstanden die Giebel, die noch heute das Bild bestimmen. Nach kompletter Zerstörung im 2. Weltkrieg wurden diese Häuser in größtenteils vereinfachten Formen wiederaufgebaut, außer Rathaus und Stadtweinhaus, die in ihrer originalgetreuen Pracht wiedererrichtet wurden. Ein einziges Giebelhaus hielt allen Bombenangriffen stand. Es trägt die Nr. 48 und ist bereits von weitem an seinen rot-weißen Fensterläden erkennbar.

WILSBERG tatort

Mord in Münster
S. 112

An seinem nördlichen Ende wird der Prinzipalmarkt durch die große Stadt- und Marktkirche **St. Lamberti** begrenzt. Nicht selten wird sie von auswärtigen Besuchern für den Dom gehalten. Weit gefehlt! Mit diesem imposanten Gotteshaus wollte die Bürger- und Kaufmannschaft gegenüber dem Klerus ihren Reichtum und ihre Macht demonstrieren. Als Gegenpol zum dominanten Dom errichteten sie um 1000 am Schnittpunkt der alten Handelsstraßen Roggenmarkt und Alter Fischmarkt die erste kleine Kirche, weitere folgten. Die heutige Lambertikirche ist die 5. an dieser Stelle und stammt aus den Jahren 1375-1450. Sie gehört zu den wichtigsten Hallenbauten Westfalens mit einem über 90m hohen neugotischen Westturm, der seit Ende des 19. Jahrhunderts über Münster ragt.

*Wenn Sie in der Zeit von 21 Uhr bis Mitternacht zur halben oder vollen Stunde ein sonores Tuten fast wie ein Nebelhorn hören, kommt es vom Turm der Lambertikirche. Dann ist die **Türmerin** im Einsatz.*

Aber nicht nur seine Höhe macht den Turm **13** so besonders. In ihm befindet sich Münsters höchstes Dienstzimmer, in dem seit 1379 Türmer über die Stadt wachen und seit 2014 zum ersten Mal eine **Türmerin**. Mit dem Kupferhorn hält sie ein Stück Stadtgeschichte lebendig. In den **3 Körben 14** hoch am

SKULPTOUR

SkulpTouren
S. 116

14

Kirchturm über der Uhr stellte 1536 der Bischof die Leichen der Anführer der **Wiedertäufer**, Jan van Leiden, Bernd Krechting und Bernd Knipperdolling, die auf dem Prinzipalmarkt gefoltert und hingerichtet worden waren, als Warnung und Einschüchterung für die Bevölkerung zur Schau. Seit der Skulpturenausstellung 1987 erinnert die **Lichtinstallation „Irrlichter"** ⑭ von Lothar Baumgarten - je eine an einem Kupferdraht befestigte Glühbirne in einem der Körbe - wie ein mystisches Zeichen aus der Vergangenheit an ihre verlorenen Seelen.

Die Fassade der Stadtkirche ist reich geschmückt. Besonders sehenswert ist die Südseite mit dem kunstvollen Hochrelief der **„Wurzel Jesse"** ⑮. Die **Jacobsmuschel** im Gemäuer links neben dem Haupteingang zeigt, dass Münster Station auf dem Pilgerweg nach Santiago de Compostela ist. Hier an der Kirche läuft der westfälische Teil des Jakobswegs vorbei. Auf keinen Fall sollten Sie sich das geschlossene Hauptportal am Prinzipalmarkt entgehen lassen. Sie sehen dort u.a. die 4 Evangelisten. Schauen Sie einmal genau hin, es gibt dort 2 Gestalten, die nicht so ganz ins Bild passen: Die Figuren der Evangelisten Lukas und Johannes tragen die Gesichter der Dichter **Johann Wolfgang von Goethe** ⑯ und des jungen und daher etwas schwerer erkennbaren **Friedrich Schiller** ⑰. Warum der Künstler Anton Rüller ihre Konterfeis dort eingebracht hat, ist nicht bekannt.

*An der Wende vom 15. zum 16. Jahrhundert wurde Münster zur Hochburg der Täufer, oder populärer **Wiedertäufer**, da sich ihre Anhänger ein zweites Mal taufen ließen. Die religiösen Eiferer rissen die Macht an sich und vertrieben den Bischof aus der Stadt. Einer ihrer Anführer, Jan van Leiden (*1509), ließ sich zum König krönen und schaffte sich einen prunkvollen Hofstaat. Sakrale Kunstwerke wurden zerstört und die Vielweiberei eingeführt. Er selbst hatte 16 Ehefrauen. Auch prägte das eigenhändige brutale Vorgehen gegen Abtrünnige sein Schreckensregiment. Als nach 16 Monaten die Stadt zurückerobert worden war, wurden die Anführer gefangen genommen und 1536 öffentlich hingerichtet.*

👍 *Wenn Ihnen Münster gefällt, sollten Sie unbedingt die kleine Taube neben dem Nordeingang streicheln. Es heißt, dass das Berühren der glattgeschliffenen Skulptur dazu führt, dass Münster und Sie sich wiedersehen.*

🍴 *Gegenüber dem Lamberti-Brunnen auf der Salzstraße: „Il Panino" mit leckeren Pizzen, Tramezzini und Salaten; als Snack auf die Hand oder auf der großen Terrasse mit Blick auf Kirche und Prinzipalmarkt genießen.*

Nirgendwo sonst in Münster sind die **Wasserspeier** 🔵18 so schön, abwechslungsreich, zahlreich und skurril wie unterhalb des Daches der Kirche. Es lohnt sich, einmal um das Gotteshaus herumzugehen.

Im Innern 🔵19 präsentiert sich die Kirche hell und lichtdurchflutet. Zahlreiche Kunstwerke und Ornamente machen die besondere Atmosphäre des spätgotischen Hallenbaus aus. Vorne rechts neben dem Chor gibt es eine kleine Kapelle mit einem modernen Tabernakel. Ein kleines Detail ist einen 2. Blick wert: Ein nach oben weisender Metallstift hinter dem Tabernakel ist die **„Antenne zu Gott"** – sie soll auf Anregung des Künstlers Joseph Beuys (1921-1986) angebracht worden sein.

Eine technische Meisterleistung ist die 1989 errichtete **Orgel** 🔵20. Sie wurde ohne Empore und Bodenstütze im Mittelraum des Turmjoches aufgehängt und wirkt so schwebend.

Dom & Museumsviertel:
Geschichte,
Kunst & Glaube

Auf dem Domplatz hatte 793 der friesische Missionar Liudger ein Kloster errichtet, von dem aus die Christianisierung des Münsterlandes erfolgte. Von der lateinischen Bezeichnung Kloster „monasterium" wurde später der Name „Münster" abgeleitet.

 Das 109 m lange Gebäude ist von romanischer Grundprägung mit z.T. hochgotischen Anbauten. Es ist die 3. Kirche an dieser Stelle. Der Grundstein für die imposante Bischofskirche in ihrer jetzigen Gestalt wurde 1225 gelegt. Die markante Kathedrale ist nicht nur Bischofs-, Haupt- und Mutterkirche des Bistums, sondern zieht wegen ihrer kunst- und kulturhistorischen Bedeutung sowohl Gläubige als auch Touristen in Scharen an. Nach der Zerstörung des Doms im 2. Weltkrieg gab es einen architektonischen Paukenschlag. Der damalige Bischof Michael Keller setzte durch, das Hauptportal nach Süden zu verlegen und stattdessen die westliche Seite lediglich mit einer Rosette aus 16 lochähnlichen Rundfenstern auszustatten, von den Münsteranern liebevoll auch „Telefonwählscheibe" ❷ oder etwas herablassend „Keller-Fenster" in Anspielung auf den Initiator genannt.

Hier fing alles an, hier spüren Sie Münsters Geschichte hautnah: Der **Domplatz** mit seinem Kopfsteinpflaster und dem alten Baumbestand ist der geschichtsträchtigste Ort der Stadt: die Keimzelle Münsters.

Heute thront hier auf dem **Horsteberg**, dem höchsten Punkt Münsters, Westfalens größter Sakralbau, der **St. Paulus-Dom** ❶.

Im **Innern** ❸ ist die Kathedrale auffallend hell mit zahlreichen historischen Altären, kunstvollen Epitaphien und Heiligenstatuen, die in ihrer geschichtlichen Einordnung in Romanik, Gotik, Renaissance und Barock entführen. Unübersehbar ist die riesige **Christophorus-Figur** ❹ von 1627; zu den ältesten Skulpturen gehört das große **Triumphkreuz** ❺ aus ca. 1200 im Altarraum. Imposant ist die **Astronomische Uhr** ❻ am Chorumgang, ein technisches Wunderwerk aus dem 16. Jahrhundert. Wenn Sie im mittleren Teil die Zeit ablesen wollen, wird Ihnen besonderes Geschick abverlangt: Nicht nur, dass es nur einen Zeiger gibt, die Verwirrung wird dadurch perfekt, dass sich der Zeiger auch noch „falsch herum" dreht. Hinter der Uhr schließt sich der Kapellenkranz mit u.a. den **3 Galenschen Kapellen** an, in einer befindet sich das Grab des **Kardinals Clemens August Graf von Galen** (-> S. 27). Sehenswert sind ebenso der **Domherrenfriedhof** ❼

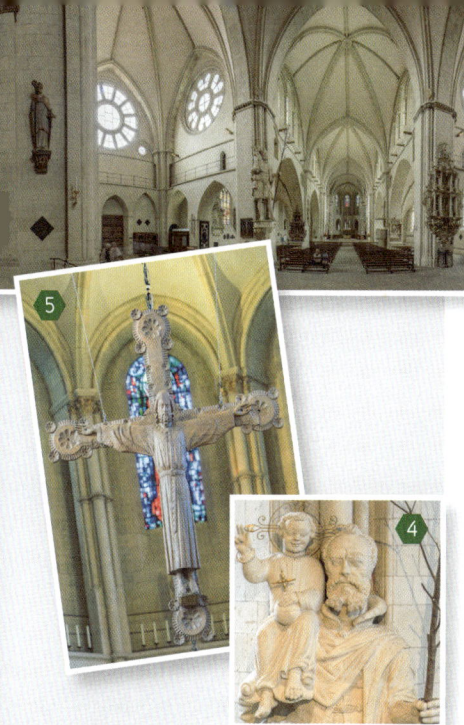

Geöffnet:
werktags
6:30-19:00,
sonn- und feiertags:
6:30 bis 19:30 Uhr

Mittags um 12 Uhr ist an der astronomischen Uhr nicht nur das mehrmals täglich erklingende Glockenspiel zu hören, es machen sich auch im oberen Teil die Hl. 3 Könige zu einem Rundgang auf.

sowie der ihn umschließende Kreuzgang mit der berühmten Bronzefigur „**Der Bettler**" von Ernst Barlach. Zu den bedeutendsten Schatzkammern Europas zählt die **Domkammer** mit ihren über 700 wertvollen Objekten der Goldschmiede- und Textilkunst. Allerdings ist sie z.Zt. wegen umfangreicher Renovierungsarbeiten geschlossen.

Rund um den Dom residierten einst die Domherren in ihren prachtvollen Kurien. An der nordwestlichen Seite des Doms zeigen 2 Prachtbauten, wie es hier einmal war:

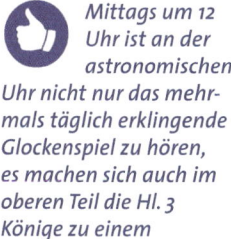

👍 *Interessant ist zu sehen, dass der Bischof, wenn er von hier zum Dom geht, unweigerlich auch das Rathaus vor Augen hat. Dieser Standort des Rathauses war damals eine Provokation für den Bischof, weil die Bürger mit ihrem Rathaus der Kirche ihre Selbstständigkeit zeigen wollten.*

Direkt gegenüber der Westseite des Doms befindet sich das **Bischöfliche Palais** , Wohnsitz des Bischofs und Generalvikariat. Im rechten Winkel dazu steht die **Kettelersche Doppelkurie** ⑨, in der sich die Domverwaltung und das Referat Weltkirche befinden. Weiter um den Dom herum „besteigt" man den Horsteberg, der an der Nord- und Ostseite des Doms verläuft. Sehenswert ist auf der Domrückseite die bronzene **Kreuzigungsgruppe** ⑩ des Düsseldorfer Künstlers Bert Gerresheim (2004) mit Münsteraner Prominenz aus verschiedenen Jahrhunderten. Sie soll die Widersprüchlichkeit des Kreuzes in Einzelexistenzen darstellen. Zu der Gruppe zählt neben Wiedertäuferkönig Jan van Leiden (-> S. 21) auch **Clemens August Graf von Galen** ⑪, von dem außerdem ein 3,60m hohes Einzeldenkmal einige Meter entfernt auf dem Domplatz steht.

Zu einem Fest der Sinne lädt der Domplatz zweimal wöchentlich ein: Mittwochs und samstags bestimmt mit dem großen westfälischen **Wochenmarkt** ⑫ ein lebendiges Treiben diesen Ort. Es wird gebummelt, gekauft, probiert. Der Besuch der 150 Stände mit typisch Westfä-

👍 *Und wenn Sie glauben, der Westfale sei stur, an so manch einem Stand werden Sie eines Besseren belehrt, überzeugen Sie sich.*

Mord in Münster
S. 114

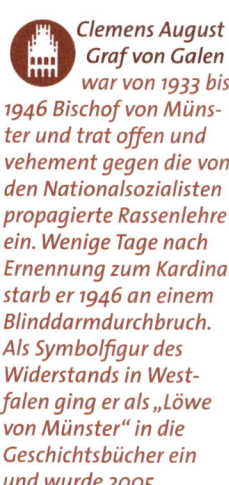

Clemens August Graf von Galen war von 1933 bis 1946 Bischof von Münster und trat offen und vehement gegen die von den Nationalsozialisten propagierte Rassenlehre ein. Wenige Tage nach Ernennung zum Kardinal starb er 1946 an einem Blinddarmdurchbruch. Als Symbolfigur des Widerstands in Westfalen ging er als „Löwe von Münster" in die Geschichtsbücher ein und wurde 2005 seliggesprochen.

lischem, Köstlichkeiten aus aller Welt und einem farbenprächtigen Blumenmeer gehört nicht nur zum Pflichtprogramm der Münsteraner.

Um eine ganz spezielle WC-Anlage wird in Münster ein besonderer Hype gemacht: Es ist die öffentliche **Kunst-Toilette** 🔞

unterhalb des Domplatzes gegenüber der Post. Der Künstler Hans-Peter Feldmann hat sie 2007 im Rahmen der Skulptur-Projekte (-> S. 116), die Münster alle 10 Jahre zum Hotspot für Kunstbegeisterte machen, umgestaltet und als Kunstwerk aufgewertet.

SkulpTouren S. 116

Ein absolutes Muss auf dem Wochenmarkt ist der Kaffeestand von „Wolle & Moritz" rechts neben dem Haupteingang vom Dom, denn hier gibt es die besten Sesam-Bagels mit Rucola und Schinken, dazu einen Pott Kaffee in dieser stimmungsvollen Umgebung und der Tag gehört dir. Und für die, die es deftiger mögen: „Fisch-Bussmeyer" hat den besten Backfisch und Ronja Bussmeyer ist die charmanteste Fischexpertin.

Mit Blick in Richtung Innenstadt fällt ein modernes Gebäude mit großer Glashalle auf. Es beheimatet die **Bezirksregierung 14**.

In unmittelbarer Nachbarschaft zum Dom tummeln sich entlang der Pferdegasse 4 Museen. Willkommen auf **Münsters Museumsmeile**: Kunst auf der einen Straßenseite, historische Schätze auf der anderen Seite. Seit 2014 hat der vielgerühmte Neubau des **LWL-Museums für Kunst und Kultur 15** nach 5-jähriger Bauzeit seine Pforten geöffnet und führt mit seinen rund 350.000 Objekten auf 7.500 qm Ausstellungsfläche auf eine Zeitreise durch 1000 Jahre abendländischer Kunst- und Kulturgeschichte vom Mittelalter bis in die Gegenwart. Charakteristisch für den Bau sind die 6m hohen Fenster und die 4 Höfe, mit denen eine durchgehende Verbindung von Süden nach Norden geschaffen wird. Das Gebäude beherbergt außerdem die Galerie der Gegenwart und den Ausstellungsraum des westfälischen Kunstvereins.

👍 *Kleiner Tipp für Fotofreunde: In der Glasfassade spiegelt sich die Umgebung so sehr, dass sie zu tollen Fotomotiven animiert.*

🕐 *Geöffnet: dienstags bis sonntags und an Feiertagen 10:00 bis 18:00; am 2. Freitag im Monat 10:00 bis 22:00 Uhr*

🍴 *Auf dieser Straßenseite mit bester Aussicht auf den Dom liegt das „Marktcafé": Frühstück, Flammkuchen, frisch gezapftes Bier, leckeres Eis und frische Waffeln; sonntags Brunchbuffet.*

Gegenüber dem Museum vor dem nach ihm benannten Universitätsgebäude schaut **Franz Freiherr von Fürstenberg 16**, Gründer der Alma Mater im Jahre 1780, zufrieden auf d Treiben. Von ihm stammt der Satz „Menschen bilden bleibt allezeit die wichtigste Staatsangelegenheit." Er scheint nicht traur

Mord in Münster S. 114

zu sein, dass die Universität nicht nach ihm, sondern Kaiser Wilhelm II. benannt wurde. Neben der grundlegenden Reform des Schulwesens verdankt ihm Münster die Promenade (-> S. 67), für die er die Stadtmauer schleifen ließ.

Das Fürstenberghaus beherbergt u.a. das **Archäologische Museum**  der Universität, das mit seinen 17.100 Objekten zu einer Reise zurück bis ins 4. Jahrtausend vor Christus einlädt. Leider ist die Sammlung wegen Umbauarbeiten vor Ende 2019 nicht zu besichtigen.

Der Star des sich anschließenden **Geomuseums** in der Landsberg'schen Domkurie aus dem beginnenden 18. Jahrhundert, eine der 3 letzten Kurien der einstigen bischöflichen Domimmunität, die den 2. Weltkrieg überdauert haben, soll Ihnen schon vom Domplatz aus durch eine riesige Glasscheibe entgegen sehen. Allerdings zeigt sich hier, wo das fast vollständige Skelett eines Mammuts aus der Eiszeit eigentlich schon seit 2015 stehen sollte, immer noch nichts. Das „Mammutfenster" ist zwar eingebaut, aber noch verwaist. Voraussichtlich 2019 wird das Museum wieder eröffnet werden. Der Besucher soll hier durch 13,8 Mio Jahre Erdgeschichte in Westfalen anhand von Fossilien, Skeletten, Dinosauriern und Korallen und verschiedenen weiteren Funden geführt werden.

Einzigartig auf der Welt ist die ausführliche Darstellung der Geschichte der Bibel im **Bibelmuseum**  nebenan.

Lieber italienisch? Die 150 m in die dem Museum gegenüberliegende Aegidiistraße lohnen sich. Im Haus Nr. 59, im „Dell'Isola", kocht Leo: echte italienische Küche nach Originalrezepten seiner Mamma. Hier gibt es die besten Spaghetti aus dem Käselaib. Und das Filet vom Fassona-Rind – ein Gedicht!

Im Museum wartet die schönste Bar Münsters, das „Lux", auf Sie. Im Restaurant mit Sonnenterrasse: Innovatives Gesamtkonzept von Bistroküche tagsüber bis Grillspezialitäten am Abend.

„Töddenhoek"? Ja, genau! Im historischen Fachwerk auf der Rothenburg, benannt nach den Tödden, den Tuchhändlern, und der Ecke (=Hoek), an der es liegt, gibt es frisch gezapftes Bier, westfälische Atmosphäre mit urigem Charakter und herzhafte Gerichte, wie z.B. Eintöpfe nach den Rezepten von Uroma.

Münsters beste Pizza gibt es im „Mocca d´or". Kultiges Ristorante in der kleinen Gasse rechts vor der Weltzeituhr.

Mord in Münster
Seite 114

Zu den Höhepunkten der Sammlung zählen eine Lutherbibel von 1545 mit eigenhändiger Widmung des Reformators sowie ein besonders wertvolles griechisches Neues Testament aus dem Jahr 1550. Auch dieses Museum ist seit 2014 geschlossen und wartet auf seine Wiedereröffnung.

Auf der gegenüberliegenden Seite am **LWL- Museum für Kunst und Kultur** ⑳ glänzt Ihnen über Eck die Kugelinstallation „Silberne Frequenz" von Otto Piene entgegen, die sich auch in der Dunkelheit durch die wechselnde Beleuchtung als Hingucker erweist. Wie stehen Sie zum dem LWL-Logo inmitten des Kunstwerks auf der Frontseite des Museums?

Darf man ein Logo in ein Kunstwerk setzen, selbst wenn Piene kurz vor seinem Tod eingewilligt haben soll? Die Münsteraner sind sich in diesem Punkt überhaupt nicht einig.

Weiter geht es vom Museum nach links in die Innenstadt über die **Rothenburg** ㉑. Dort in **Haus-Nr. 33** stand das Geburtshaus des Zoogründers **Hermann Landois** (-> S. 60), eine alte Gedenktafel am Haus erinnert an ihn. Bemerkenswert ist die **Weltzeituhr am Haus Nonhoff** ㉒, **Haus-Nr. 12/13**, auf der gegenüberliegenden Seite. Etwas weiter biegen Sie in die **Königsstraße**, früher die Straße der klassizistischen Adelshöfe, in denen die Schlossherren den Winter verbrachten, von denen aber nur wenige erhalten sind.

Hinter der Originalfassade des **Druffel'schen Hofes** auf der linken Seite befindet sich im **Kunstmuseum Pablo Picasso Münster** ㉓ die weltweit umfassendste Sammlung von Lithografien Picassos, die in Ausschnitten präsentiert wird. In wechselnden Ausstellungen werden außerdem Werke seiner Künstlerfreunde und Zeitgenossen, wie z.B. Chagall, Matisse und Braque gezeigt.

Was auf dem Platz gegenüber wie ein Wirrwarr aus Pflastersteinen aus rotem Granit, Basalt sowie Beton aussieht, nimmt aus der 2. Etage des Museums Gestalt

Geöffnet: Dienstag bis Sonntag und Feiertage: 10:00 bis 18:00 Uhr Geschlossene Feiertage: 3. Oktober, Heiligabend, 1. Weihnachtstag, Silvester

Auf dem Picasso-Platz stehen die Terrassentische des „Caputo's", ein Café/Restaurant mit Wohlfühlatmosphäre; alles vom Frühstück bis zum 3-Gang-Genießermenü. Sensationell: Crème Brûlée mit Mangosorbet oder der gebratene Ziegenkäse mit Walnuss-Thymian-Honig auf Rucola.

Erste Anlaufstelle für leckeres Eis: das „Firenze" in der Königsstraße 12. Probieren Sie mal den Klassiker, das Spaghetti-Eis.

Gegenüber befindet sich ein absolutes Muss für Schokoholics: „Aux Chocolats", edelste Schokoladenspezialitäten der besten Maîtres Chocolatiers und „Aux Macarons" mit den kleinen französischen Köstlichkeiten in über 15 Variationen. Welches wird Ihr Favorit?

23

👍 Gegen das ursprüngliche Motiv nach einem Portraitfoto von Robert Capa „Picasso mit nacktem Oberkörper" hatte sein Sohn Claude Ruiz Picasso Bedenken geäußert, so dass er dann angezogen abgebildet wurde.

🍴 „Außenplätze innen" – zumindest kann man sich an der Wand zum Picasso-Museum unter dem gläsernen Himmelsdach der Arkaden 26 so fühlen. Das Restaurantcafé „Pablo" bietet zu jeder Tageszeit das Passende: vom Frühstücksteller bis zum Glas Wein.

an: Die 13.789 Steine fügen sich zu einem überlebensgroßen **Konterfei Picassos** 24 im bretonischen Fischer-Shirt zusammen. Was von den einen künstlerisch als echter Clou angesehen wird, nennen andere eine echte Steuergeldverschwendung, da Picasso nicht sofort vom Boden aus zu erkennen ist.

Durch das Picasso-Museum kann man in die **Münster-Arkaden** 25 gehen, eine bunte Shopping-Welt, die die Einkaufsstraßen Rothenburg und **Ludgeristraße** verbindet. Dieser 4-geschossige Passagenbau bietet einen Einkaufsmix auf 26.000 qm mit Gastronomie, der zum Shoppen und Genießen einlädt.

SkulpTouren S. 116 25

Einkaufsmeilen:
Moderne Architektur
& barockes Dreigestirn

Sie ist in erster Linie die Straße der Filialisten - P&C, H&M, C&A, Bonita, Thalia, Deichmann, Sidestep, aber auch McDonalds und Nordsee. Die **Ludgeristraße** ❶ ist nach Messungen der Wirtschaftsförderung Münster die bestbesuchte Einkaufsstraße. Die moderne Einkaufspassage **Münster Arkaden** ist das Bindeglied zwischen Ludgeristraße und Rothenburg.

Um von hier aus zur Stubengasse zu gehen, empfehlen wir, die **Beginengasse** zu nehmen. Denn hier erleben Sie einen Hauch von Hollywood, zumindest wenn Sie an den Walk of Fame denken. Sie betreten nämlich den **Herzensstern-Boulevard** ❷. Er erinnert an eine Blutspendeaktion, bei der Erstspender mit einem Messing-Stern mit Namen auf dem Gehweg belohnt wurden.

Außenplätze in der Beginengasse für das kleine Zwischendurch: „Café Ciocco Latte": Dieses charmante Bistro-Café verleitet zu Tagträumen bei Cappuccino und knusprigen Waffeln.

Hier beginnt das sog. **Hanse-Carré** ❸, das als Bauprojekt gemeinsam mit der **Stubengasse** ❹ direkt nebenan die Innenstadt gewaltig verändert hat und als Einzelhandels- und Dienstleistungszentrum mit Gastronomie und Hotel 2010 mit dem „Städtebaupreis" ausgezeichnet wurde.

Café/Weinbar Idéal: Hier gibt es die besten Tapas, diverse Leckereien oder einfach nur ein gutes Glas Wein.

Sehen Sie die kleine „Giebelhaus-Siedlung"? 8 eigenständige Wohnhäuser stehen auf dem Dach des Hanse-Carré. Hier lässt es sich hoch über dem Trubel gut wohnen.

Den besten Aussichtspunkt in Münster haben Sie oben aus dem hohen Gebäude, das Sie von hier mit Blick in die Innenstadt sehen: Es ist das **Stadthaus** mit seinen 12 Etagen. Ganz oben in der 11. und 12. Etage wird 2019 ein Lokal mit dem Namen „1648", dem Jahr, in dem der Westfälische Friede geschlossen wurde, eröffnet.

Weiter geht es in Münsters älteste Handels-
straße, die **Salzstraße** 5.
Diese Straße wird größtenteils von kleineren Läden mit preiswerte-rem Sortiment bestimmt. Kaum zu glauben, dass sie einst zu den vornehmsten Straßen der Stadt gehörte, an der mehrere Adelshö-fe lagen. Geblieben sind ein paar historische Highlights. Der Namensbestandteil „Salz" ver-weist auf den Fernhandel, bei dem Waren damals gegen das wertvolle Gewürz getauscht wurden.

Die große Terrasse auf der Stuben-gasse gehört zum „Bar Celona". Hier ist immer etwas los! Frühstück, mittags schnelle Tellergerichte, abends Treffpunkt für Jung und Alt bei hervorragenden Cocktails.

👍 Insgesamt sind 40 Hansesteine auf der Salzstraße eingelassen. Es sind Steine aus ehemaligen Hansestädten, die an die Geschichte Münsters als Hansestadt erinnern. 1368 wurde Münster Mitglied der Hanse. An den Enden der Straße beim Lambertibrunnen und an der Kreuzung zur Winkelstraße/Klosterstraße beim Stadtmuseum erläutert je eine ins Pflaster eingelassene Bronzetafel die Bedeutung der Steine. („Anlässlich der 13. Hansetage der Neuzeit in Münster und des Stadtjubiläums „1200 Jahre" setzten zahlreiche Hansestädte hier auf der Salzstraße in Bronze gefasste Pflastersteine. Die Bronzeringe tragen Namen und Wappen der Städte, aus denen die Steine stammen – ein Zeugnis ihrer Verbundenheit mit Münster, dem Vorort der Westfälischen Hanse").

Eine Besonderheit der Salzstraße sind die in das Pflaster eingelassenen und mit Messing umrandeten **Hansesteine** 6.

Zu den besonderen Sehenswürdigkeit an der

Salzstraße gehört Münsters „**Barockinsel**", oder auch „**barockes Dreigestirn**" genannt: Dazu zählen die **Dominikanerkirche**, die **Clemenskirche** und der **Erbdrostenhof**. Die an eine römische Basilika erinnernde, barocke **Dominikanerkirche** 7, geplant von Lambert Friedrich Corfey, aus dem Jahr 1725 ist im November 2017 profaniert worden. Wo einst Glaube gelebt wurde, werden jetzt Kunst und Physik lebendig: Das Innere ist ausgeräumt und der weltbekannte deutsche Künstler **Gerhard Richter** wird hier ab Juni 2018 aus der 29m hohen Kuppel ein

Foucault'sches Pendel herunterhängen lassen, gebaut u.a. in Münster und technisch verfeinert von Mitarbeitern des Münsteraner physikalischen Instituts der Universität. Der Besucher soll sich nicht nur von der Erdrotation beeindrucken lassen, sondern dieses Pendel auch als Ort der Meditation wahrnehmen.

Lebendiger geht es dagegen auf dem Platz neben der Dominikanerkirche zu, auf dem „die Bananen fliegen", wie der Volksmund die 5 großen Windspiele nennt. Dieses *Partnerstadt-Denkmal* 8 bringt den bewegten Austausch der Domstadt mit ihren Partnerstädten zum Ausdruck. Die Städtenamen sind mit den Entfernungsangaben auf Messingplatten graviert, die als Striche einer Windrose in die Richtung der jeweiligen Partnerstadt weisen.

Münsters Partnerstädte sind York (Vereinigtes Königreich) Orléans (Frankreich), Kristiansand (Norwegen), Monastir (Tunesien), Rishon LeZion (Israel), Fresno (USA), Rjasan (Russland), Lublin, Braniewo (Polen, Partnerschaft), Mühlhausen (Städtefreundschaft), Beaugency (Frankreich, mit MS-Hiltrup).

Geöffnet: Sommer 9:00-17:15 Uhr; Winter 9:00-16:00 Uhr

Ganz in der Nähe steht die in der Form eines unregelmäßig geschwungenen Sechsecks mit Kuppel und Laterne ausgestattete *Clemenskirche* 9. Sie wurde von dem Barockarchitekten Johann Conrad Schlaun im Auftrag von Bayernprinz Clemens August im 18. Jahrhundert erbaut. Betreten Sie unbedingt diese kleine Kirche, auch wenn Sie vermutlich nur bis in den Vorraum kommen. Es reicht aber, um von den vielen Farben und Motiven überwältigt zu werden 10.

Das Traditionshaus direkt an der Clemenskirche: „Hotel/Restaurant Feldmann"; traditionelle Gerichte, mal sehr fein, mal leicht und manchmal auch deftig aber immer perfekt. Unbedingt die Ochsenbäckchen probieren!

Johann Conrad Schlaun *(1695-1773)* war der bedeutendste westfälische Barockbaumeister. Er entwickelte in Westfalen einen unverwechselbaren Baustil durch Verschmelzung der heimischen Bautradition mit internationalen Stiltendenzen. Schlauns Architektur zeichnet sich aus durch Klarheit der Form, wobei schmückende Elemente gegenüber der Baumasse sorgfältig abgewogen sind. In Münster hat er wunderschöne Bauten hinterlassen: Rüschhaus, Erbdrostenhof, Clemenskirche, Lotharinger Kloster, Beginn des Schlosses, das nach seinem Tod von Wilhelm Ferdinand Lipper (1733-1800) fortgeführt wurde. Schlaun war Schüler von Lambert Friedrich Corfey (1668-1733).

Wissen Sie, wo es in Münster die ältesten Mettwürste gibt? Hier, an der Fassade des Erbdrostenhofes! Denn die unteren Fenster sind von links nach rechts mit dem Zyklus des Jahres mit illustrativen Emblemen für jeden Monat ausgeschmückt. Und was trifft den November in Westfalen wohl besser als Mettwürste?

Im Stil des Rokoko dominieren wunderbare Deckenmalereien und Stuckarbeiten. Auffallend ist ein viel verwendetes Himmelblau, die Farbe der Wittelsbacher. Wenn Sie in das figurenreiche Fresko in der Kuppel schauen – mehrere hundert Engel, Heilige und christliche Figuren stellen die Verherrlichung und Himmelfahrt des Hl. Clemens dar –, können Sie sich sicherlich gut vorstellen, warum hier so gern geheiratet wird: Man fühlt sich wie im siebten Himmel.

Das 3. barocke Kleinod ist der **Erbdrostenhof** 🔴, Münsters schönster Adelspalast, ein Meisterwerk des Barockarchitekten Johann Conrad Schlaun aus Baumberger Kalksandstein, dem „Marmor des Münsterlandes". Erbaut wurde er zwischen 1753 und 1757 mit den typischen Baumaterialien roter Backstein und heller Baumberger Sandstein.

Bei der Platzierung ist Schlaun ein wahrer Geniestreich gelungen: Um Platz für die reich verzierte Fassade zu bekommen, setzte er das Palais kurzerhand diagonal auf das Grundstück. Haupt- und Glanzstück ist der Festsaal, der heute für kulturelle Veranstaltungen genutzt wird.

Gegenüber erwartet Sie im **Alten Stein-weg** ab der „Heulenden Kurve" eine ganze Gastro-Meile mit und ohne Theke. Von westfälischer oder mediterraner bis hin zur südamerikanischen Küche.

Im imposanten Lortzing-Saal erwartet Sie das „Enchilada". Mexikanische Küche mit knackigen Salaten, traditionellen Speisen, saftigen Steaks; Top-Adresse für leckere Cocktails, happy hours täglich von 17:00-20:00 Uhr.

Klein Kölle in Münster: Neben rheinischen Köstlichkeiten sollten Sie sich mittwochs im „Früh bis Spät" nicht die Reibekuchen entgehen lassen; dazu ein frisch gezapftes Kölsch.

Eine wahre Institution in Münster mit uriger Atmosphäre: Die beste westfälische Küche gibt es im „Alten Gasthaus Leve", dem ältesten Gasthaus Münsters (seit 1607). Über 10 Biersorten vom Fass! Unser Tipp: Westfälisches Zwiebelfleisch, Münsterländer Wurstpfanne oder die ofenfrische krosse Schweinshaxe (eine Spezialität seit über 80 Jahren). Achtung! Frühzeitig reservieren!

Für die Öffentlichkeit leider nur bei Festveranstaltungen geöffnet.

Über 50 Jahre lang heulten und quietschten Straßenbahnen an der Salzstraße – so sehr sogar, dass der Name „Heulende Kurve" sich festgesetzt hat. 1954 war dann Schluss mit dem besonders bei trockenem Wetter auftretenden Lärm.

Mord in Münster S. 114

Während in Münster die Kirchen nur an besonderen Festtagen beflaggt werden, weht an der Servatiikirche während des gesamten Jahres eine Fahne in den Vatikanfarben gelb-weiß. Diese erinnert an die Standhaftigkeit der Gemeinde im Dritten Reich. Damals hatten die Nationalsozialisten alle Fahnen an öffentlichen Gebäuden entfernt und durch eigene Banner ersetzt. An der Servatiikirche ist es ihnen nicht gelungen.

*Geöffnet:
8:00-18:00 Uhr*

Zwischen Erbdrostenhof und Clemens-kirche gibt es bretonisch-französische Küche. Die „Créperie du Ciel" ist spezialisiert auf Crêpes und Galettes, Salate, und Quiches; freitags ab 18:00 und sonntags ab 10:00 spezielles französisches Buffet.

Mord in
Münster
S. 114

Auf der Rückseite des Erbdrostenhofes geht es links zu dem krassen Gegenstück, der kleinen schlichten **Servatiikirche** 12, unweit der Clemenskirche. Als Ort der Anbetung ist dieses spätromanische Kleinod aus dem 13. Jh. ein versteckter Ruhepol im trubeligen Alltag rundherum. Es sind wohl die architektonischen Besonderheiten dieses Raumes, die

Mischform aus spätromanischen und frühgotischen Elementen und der Lichteinfall durch die Fenster, die für viele Menschen eine ganz spezielle Ruhe fühlbar werden lassen. Das als Baudenkmal eingestufte Gotteshaus ist zugleich eine Kirche der Seligen: Die Selige Maria Droste zu Vischering (1863-1899) wurde hier getauft. Die Selige Schwester Maria Euthymia (1914-1955) hat hier sehr häufig gebetet und der Selige Clemens August Graf von Galen (1848-1946; -> S.27) hat dieses Gotteshaus zur „Anbetungskirche" gemacht. Allen dreien wird mit Gemälden hier gedacht.

Das **Stadtmuseum** 13 in einem Eckgebäude an der Salzstraße bietet Münster-Geschichte hautnah von den Anfängen bis zur Gegenwart. Es befindet sich in Münsters erstem Kaufhaus, erhalten ist noch die Art-Deco-Fassade aus dem Jahr 1910/11. Hier können Sie multimedial in den attraktiven Sammlungen und wechselnden Themenausstellungen einen Ausflug in Münsters Geschichte unternehmen. Ergänzt werden sie durch historische Inszenierungen und Aufbauten wie z.B. einem originalen Kolonialwarenladen von 1911 sowie dem Täufer-Kabinett. Dort sehen

Sie die Körbe hautnah – allerdings Nachbildungen der am Lambertikirchturm hängenden –, in denen die Wiedertäufer (-> S. 21) hingerichtet sowie die Zangen, mit denen sie zu Tode gequält wurden.

Geöffnet: dienstags-freitags 10:00-18:00 Uhr, sonn- und feiertags 11:00-18:00 Uhr

Am Alten Steinweg in einem postmodernen Gebäude aus 1993 residiert die **Stadtbücherei** ⑭. Hier ist alles asymmetrisch, fast jedes Fenster hat eine andere Form. Obwohl es bereits 25 Jahre alt ist, gehört es noch immer zu den interessantesten Neubauten in der Stadt, nach einem Entwurf des Münsteraner Architektenteams Bolles-Wilson. Stadtplanerisch interessant ist, dass die Längsachse der Lambertikirche als Gasse zwischen den beiden Bauelementen der Bücherei fortgeführt wird.

Die „Überfrau" ⑮ ist eine etwa 8m hohe Skulptur des amerikanischen Künstlers Tom Otterness, die die Büchereigasse zwischen den beiden Bauteilen der Stadtbücherei abschließt.

Geöffnet: montags-freitags 10:00-19:00 Uhr, samstags 10:00-18:00 Uhr

SkulpTouren S. 116

Mord in Münster S. 114

Geöffnet: montags-freitags 12:00-18:00 Uhr, samstags & sonntags 10:00-16:00 Uhr

Was Deftiges auf die Hand? Die „Hot Dog-Station" in der Bolandsgasse gegenüber, (zwischen Salzstraße und Stadtbücherei) wartet mit 19 verschiedenen Hot Dog-Kreationen auf Sie. Sie ist eine Institution seit 1992. Unser Favorit: Hot Dog California. Also, wenn der nicht gesund ist!

Nomen est Omen! Am Alten Fischmarkt gibt es leckere Fischgerichte im „Sylt am Bült" Der Innenhof und das friesische Ambiente des Restaurants bieten sich nicht nur für Sylt-Fans für eine Auszeit in der Stadt an.

Und wie so häufig in Münster trifft auch hier alt auf neu: Das **Krameramtshaus** links neben der Stadtbücherei und ihr ehemaliges Domizil ist eines der wenigen Gebäude in der Innenstadt, das den 2. Weltkrieg überstanden hat. Es wurde 1589 erbaut, seine Architektur ist eine Weiterentwicklung der lokalen Bauweise im Stil der Renaissance. Es war das Haus der Kramer, wie man damals die Kaufleute nannte. Während der Verhandlungen zum Westfälischen Frieden beherbergte es die niederländische Delegation. Heute ist hier das **„Haus der Niederlande"** untergebracht, ein in Deutschland einzigartiges akademisches Wissenschafts- und Kulturzentrum.

Der Kerl mit der Kiepe, einem Korb aus Holz und Korbgeflecht, auf dem Buckel schleppte bis vor etwa 100 Jahren zu Fuß Waren des täglichen Bedarfs wie Eier, Würste, Schinken, Milchprodukte oder Geflügel vom Land in die Stadt und von dort städtische Güter wie Salz oder Tuch zu den umliegenden Bauerschaften. Dabei schnappte er vieles auf und galt als wandelnde Auskunftei, gelegentlich sogar als Heiratsvermittler. Zur traditionellen Tracht gehörten neben der Kiepe ein blaues Hemd, ein rotes Halstuch und festes Schuhwerk. Seinen Stock nutzte er gleichzeitig als Gehstock und Maßstab. Eine Pfeife im Mund schützte ihn vor Mücken in der sumpfigen Landschaft.

2 alteingesessene Restaurants befinden sich am Denkmal: „Deckenbrocks Kleiner Kiepenkerl", westfälisch genießen auf hohem Niveau, mit bodenständiger, aber auch feiner regionaler Küche; unbedingt den Westfälischen Tafelspitz und die Münsterländer Hochzeitssuppe probieren.

Im Kiepenkerlviertel, das schon ziemlich früh ein Händlerquartier war, wie die Straßennamen Roggenmarkt oder Alter Fischmarkt zeigen, ist alles ein bisschen individueller:

ein kreatives Shoppingrevier mit vielen inhabergeführten Geschäften.

Ein bronzener Herr ist Wahrzeichen und Namensgeber des Kiepenkerlviertels. Das Denkmal des **Kiepenkerls** 1 auf einem der schönsten Plätze Münsters zwischen den beiden nach ihm benannten Lokalen 2 steht hier seit 1896. Während das ursprüngliche Denkmal des münsterschen Bildhauers August Schmiemann den Bombardierungen des 2. Weltkriegs standhielt, wurde es beim Einmarsch der Amerikaner nach Beendigung des Krieges durch einen Panzer vom Sockel gestoßen. 1953 wurde das Standbild nach dem Vorbild der alten Statue wieder aufgebaut und von Bundespräsident Theodor Heuss feierlich enthüllt. Hier machte er der Stadt ein vielzitiertes Kompliment: Und wenn ich in einer schönen Stadt war, habe ich immer gesagt, sie sei die zweitschönste in Deutschland, ob es nun Bamberg oder Bremen war. Damit provoziere ich die Frage, welche denn die schönste sei. Dann habe ich gesagt „Münster".

Wenn Sie Lust auf eine kleine, grüne Pause haben, biegen Sie hinter der Aabrücke ab in den **Aa-Uferweg**, eine Ruhezone mitten in der Stadt. Nicht selten sitzen hier verliebte Paare in der Sonne. Das Plätschern der Aa, viel Grün, gemütliche Bänke und idyllische Winkel erwarten Sie hier.

Auf der linken Seite am Überwasserkirchplatz ist die imposante, aber turmlose Liebfrauen-Überwasserkirche ❸ zu sehen. Der eigenartige Name ist schnell erklärt: Überwasserkirche, weil sie vom Dom aus gesehen jenseits der Aa, also „über dem Wasser" liegt; Liebfrauenkirche, weil sie zu einem 1040 gegründeten adeligen Damenstift gehörte.

„Großer Kiepenkerl": Zertifiziertes Slow-Food-Restaurant mit leckerer nachhaltiger Heimatküche.

Die Kirche diente als Pfarrkirche für ein über 42 qkm großes Gebiet außerhalb der Stadtmauern jenseits des Flüsschens Aa. Sie ist nach dem Dom die älteste Kirche der Altstadt. Die Wiedertäufer sägten 1534 den Dachstuhl ab und entfernten die Kirchturmspitze und schon hatten sie einen hervorragend hochgelegenen Schießstand. Sie rissen die gotischen Steinfiguren am Westportal ab und verstärkten mit ihnen als Baumaterial die Stadtwälle. Erst 1898 hat man diese wertvollen Kunstwerke bei Grabungen wieder entdeckt. Zu sehen sind sie heute im LWL-Museum für Kunst und Kultur. Das Westportal der Kirche schmücken nun Nachbildungen aus dem Jahr 1903. Nachdem der Turm ein 2. Mal 1704 von einem Orkan enthauptet wurde, ist die Turmspitze nie wieder aufgebaut worden, so dass der mächtige Turm kopflos geblieben ist.

Die dreischiffige gotische Hallenkirche wirkt im Innern sehr weiträumig und auf den Chor ausgerichtet.

Wenn Sie ganz konzentriert in die oberen farbigen Kirchenfenster aus 1973 vorne links über der Tür zur Sakristei schauen, sehen Sie ein Auto und ein Motorrad. Der Künstler Valentin Feuerstein wollte damit zeigen, dass den Menschen Gottes Liebe auch so belastend sein kann, dass die Menschen nach Ausweichmöglichkeiten suchen, z.B. durch Wegfahren.

Geöffnet: montags bis samstags: 9:00-18:00 Uhr, sonntags 9:00-20:00 Uhr

Mord in Münster S. 114

Weiter unten am Spiekerhof gibt es eine typische Gelateria mit selbstgemachtem Eis „auf die Hand", aber auch Eisbechern. Und wem es zu kalt ist, der kann im Restaurant „Lazzaretti" oder auf der großen Terrasse vor der Kirche in Ruhe Pizza und Pasta genießen.

Geöffnet: montags bis freitags 9:00-18:00 Uhr

Mord in Münster S. 114

Die Idee und die Figuren stammen von Jürgen Kehrer, der schon seit 1990 Bücher über Wilsberg schreibt.

Nur 8 m entfernt steht seit 2005 nebenan die **Diözesanbibliothek** ❹ in ihrer minimalistischen Architektur. Sie bildet

nicht nur einen Kontrast zur mittelalterlichen Altstadt, sondern vereint auch zeitgenössische Architektur mit historischem Kontext. Gassen, Höfe, ein Garten und ein Kreuzgang machen dieses Gebäude aus. Mit 700.000 Bänden und unzähligen wertvollen alten Handschriften ist sie die größte theologische Spezialbibliothek nördlich der Alpen. Außerdem gilt sie durch die sog. Santini-Sammlung als eine der umfangreichsten und wertvollsten Quellen für italienische Musik.

Gegenüber dem Hauptportal der Überwasserkirche liegt das **„Antiquariat Solder"** ❺, eigentlich völlig unscheinbar, aber berühmt als **„Antiquariat Wilsberg"**. Ein Foto vor diesem Buchantiquariat ist ein Muss für jeden Münster-Besucher. Die Ruhe trügt: 2 Mal im Jahr stürmen Fernsehleute, Kamerateams und Schauspieler das 30 qm große Antiquariat und lassen von hier Privatdetektiv Georg Wilsberg alias Leonard Lansink wieder auf Verbrecherjagd gehen.

Wenn Sie die Diözesanbibliothek rechts liegenlassen, erreichen Sie den **Rosenplatz** und blicken auf die **Brauerei Pinkus Müller** ❻. Von einst über 150 Privatbrauereien ist sie die einzig übriggebliebene. Längst produziert sie aber nicht nur das typische Altbier, sondern bringt jährlich 20.000 hl Bier unterschiedlicher Sorten auf den Markt und hat eine weltweite Fangemeinde.

Der Name „Altbier" besagt, dass das Bier nach „alter Art" gebraut wird – eben obergärig. Das rötliche münstersche Altbier von Pinkus Müller schmeckt anders als das rheinische: herb-säuerlich, ein bisschen nach Wein. Gerne wird es mit Pfirsich- oder Erdbeerstücken auch als Altbierbowle genossen. Als der Vertreter des Vatikans bei den Friedensverhandlungen zum Westfälischen Frieden, Fabio Chigi, in Münster das Altbier probierte, soll er gesagt haben: „Füge noch etwas Schwefel hinzu – und der Höllentrank ist fertig!"

Direkt um die Ecke geht es in der Kreuzstraße in die historischen Kneipe „Pinkus Müller". Hier sitzen Sie an langen Holztischen, in denen sich schon Generationen von Gästen verewigt haben; leckere Bierspezialitäten aus eigener Brauerei, westfälische Küche. Unbedingt die traditonellen Spezialitäten wie Pfefferpotthast und Pannekoken mit Pillewörmer probieren.

In der Buddenstraße gegenüber Pinkus befindet sich das „Drübbelken" mit urig westfälischer Gemütlichkeit in einem historischen Fachwerkhaus: westfälische Gerichte aus der Pfanne und echter Münsterländer Korn aus dem Löffel. Unser Tipp: Westfälischer Rosenkranz.

Wer eines der zahlreichen Pinkus-Biere mitnehmen möchte, hat die Qual der Wahl im Pinkus-Shop direkt am Rosenplatz.

Hier, im sog. Kuhviertel ⑧, ist Münster noch sehr ursprünglich: In der Altstadt liegen traditionsreiche Studentenkneipen neben gemütlichen Restaurants, Galerien und originellen Geschäften. Im Sommer gleicht das Viertel einem großen Biergarten, da sich Kneipe an Kneipe mit drau-

ßen aufgestellten Biertischen und -bänken aneinander reiht. Zu Ihrem Münster-Besuch gehört ein zünftiger Abend im Kuhviertel unbedingt dazu. Ansonsten regiert hier die ursprüngliche westfälische Küche: **Pannekoken mit Pillewörmern** 9 oder aber Graute Baunen mit Mettendchen. Keine Angst! Probieren Sie ruhig! Bei den „Pillewörmern" handelt es sich um leckere Schinkenstreifen und bei den Mettendchen um Mettwürstchen, die der Münsteraner gerne mit Dicken Bohnen genießt. Die „Akademische Bieranstalt Cavete" 10 in der Altstadt ist Münsters älteste Studentenkneipe, die „Ziege" die kleinste. Hier gibt es nur 25 qm zum Klönen und Feiern.

Der Legende nach waren Münsters Studenten in den 1950er Jahren zutiefst enttäuscht, weil es in der Bischofsstadt keine Kneipenszene für junge Leute gab. Ihren Unmut äußerten sie in einem Artikel im Studentenblatt unter dem Titel „Cavete Monasterium" (Hütet euch vor Münster!). Als Folge gründeten Studenten für Studenten die erste Akademische Bieranstalt, eben die „Cavete".

„Cavete": urige Studentenkneipe mit selbstgemachten grünen Nudeln. Ein Renner ist die Berliner Currywurst mit oder ohne Pelle.

Ein Stück weiter, aufgrund seiner Farbe nicht zu verfehlen: „Blaues Haus" 11 - verwinkelte Kult-Kneipe mit Live-Bühne; auch hier besagte grüne Nudeln. Nicht unterschätzen: der berühmte Blue-House-Pitcher!

Regelmäßig heißt es zu Semesterbeginn: „Das Kuhviertel rockt". Dann findet das Musik-Festival „Altstadt-live" statt, bei dem es in zahlreichen Altstadt-Kneipen Live-Musik bei freiem Eintritt gibt. Auch kleine Geschäfte laden nach dem Motto „Nichts ist Nullachtfuffzehn!" zu einem gemütlichen Bummel ein, z.B. „Meister Michel - feine Brillen". Hier wird jede einzelne Brille in der Werkstatt selbst bearbeitet oder die „Goldschmiede Müller-Tenckhoff" mit handgearbeiteten Ringen mit Prinzipalmarkt-Häusern oder Münster-Schriftzug, mit denen Sie Ihre Verbundenheit zu Münster auf besondere Weise zum Ausdruck bringen können.

„Pinkulus": ist eine der ältesten und zugleich einer der letzten tatsächlichen „Eckkneipen" in Münster und zugleich ein kleines aber sehr gemütliches Bierfachgeschäft, mit Biergarten vor der Tür.

Mord in Münster S. 114

WILSBERG tatort

Schloss & Universität:
Barocke Pracht
& kluge Köpfe

Ganz in Domnähe, wenn Sie an die Fürstenbergstatue vorbei- und dann die Treppe hinunter- gehen, laufen Sie direkt auf die katholische *Petrikirche* ❶ zu. Sie ist in Münsters Kirchen- landschaft etwas Besonderes: erstens, weil sie 1590 bis 1597 nicht als Pfarrkirche, sondern als Schul- und Predigtkirche der Jesuiten gebaut wurde, und zweitens, weil sie eine Symbiose von Neu- gotik und Renaissance darstellt, wie es sie damals in Westfalen noch nicht gab.

Das Paulinum ist das älteste und einzige Gymnasium Deutschlands, das ununterbrochen zuerst als Domschule, dann als Jesuitenkolleg und schließ- lich als humanistisches Gymnasium bestanden hat. Erste Erwähnung findet die „schola paulina" 797 auf dem Horsteberg, damals eine Ausbildungs- stätte für Priester.

Heute ist das gotische Gotteshaus in erster Linie Kirche der Katholischen Studierenden- und Hochschulgemeinde Münster (KSHG) sowie Schulkirche des Gymnasiums Pauli- num. Bemerkenswert ist das Hauptportal, das den Lebensweg des Hl. Paulus zeigt und von dem Münsteraner Rudolf Breilmann stammt, der selbst einmal Pauliner war.

Die Petrikirche ist eine dreischiffige Empo- ren-Basilika ohne Querschiff. Im Innern ist vor allem die *Empore* ❷ sehenswert. Die Jesuiten nutzten dieses Merkmal evan- gelischer Kirchen, um mög- lichst vielen Gläubigen in ihren Gottesdiensten Platz zu bieten. Nach dem 2. Weltkrieg wurde das fast komplett zerstörte Gotteshaus nach alten Bau- plänen wieder aufgebaut und 1957 geweiht. Heute schließen hier besonders gern Paare ihren Bund für's Leben.

Geöffnet: montags bis donnerstags: 9:00-15:30 Uhr, freitags: 9:00-12:30 Uhr

Die seitlich an der Kirche am Jesuitengang entlanglaufende Mauer, die über eine kurze Strecke den offenen Weg begrenzt, ist die Skulptur *„Dolomit zugeschnitten"* ❸ des Bildhauers Ulrich Rückriem.

👍 *Die Skulptur entstand für die erste münstersche Skulpturausstellung 1977.* Zunächst erregte sie als „Steinhaufen" die Gemüter der Münsteraner, ist aber jetzt aus dem Stadtbild nicht mehr wegzudenken. Mit einem über 3m hohen Dolomit aus 9 keilförmigen Granitrohlingen in verschiedenen Höhen bildete der Künstler eine Wand. In seiner abgeschrägten Form nimmt das Kunstwerk auf das Kirchengebäude Bezug. Die Länge der Mauer ist identisch mit dem Abstand zur Kirchenwand. So entsteht zwischen dieser Wand und der Petrikirche ein Raum mit quadratischem Grundriss.

SkulpTouren
S. 116
3 5

Mord in Münster
S. 114

Direkt hinter der Aa liegt das **Juridicum** ④, hier geht es ums Recht. Es ist das Zentrum der großen juristischen Fakultät der Universität Münster, das in den Jahren 1952-1955 von dem bekannten Architekten Hans Malwitz (1891-1987) errichtet wurde. Heute gehört es mit über 5.000 Studierenden zu den größten juristischen Fakultäten in Deutschland. Der Grundriss des Gebäudes besteht aus einem Quadrat mit verlängerten Flügelbauten.

👍 *Lassen Sie sich von dem Titel „Die Wiese lacht oder das Gesicht in der Wand"* ⑤ *herausfordern, weitere Assoziationen zu finden.*

Auf der Mittelachse steht die **Skulptur von Harald Klingelhöller** von den Skulpturprojekten 1987 aus kugel- und pyramidenförmig zugeschnittenen Eiben und einem gläsernen Geländer mit verspiegelten Lamellen – eine Reminiszenz an den Philosophen Hans Blumenberg (1920-1996) aus Münster.

Das „Elefantentor", der triumphbogenartige Eingang des Gebäudes

zur Universitätsstraße, steht seit den 1970er Jahren in der Kritik. Wegen der Nähe von Malwitz zur Monumentalarchitektur von Albert Speer in den 1930er Jahren wurden seine Bauwerke mit der alten NS-Architektur in Verbindung gebracht.

Geöffnet: montags bis freitags: 8:00-22:00 Uhr, samstags und sonntags 10:00-20:00 Uhr

Mord in Münster S. 114

Rechts neben dem Juridicum steht die **Universitäts- und Landesbibliothek** 6, kurz ULB. Die 14 roten, über 2m hohen Leuchtbuchstaben „*GEHORCHE KEINEM*" an diesem Gebäude lassen stutzen. Ist es ein Aufruf zur Anarchie oder Mut zur Gedankenfreiheit? Was auch immer der in Bonn lebende Künstler Babak Saed (*1965 im Iran) sagen wollte, sicher ist, es geht hier um Informationen. Denn dieses 1973 eröffnete Gebäude ist neben rund 146 Instituts- und Fachbereichsbibliotheken die Zentralbibliothek der Universität. Zurück geht die ULB auf die Büchersammlung des 1588 gegründeten Jesuitenkollegs.

Wenn Sie die kleine Straße gegenüber der ULB nehmen, laufen Sie direkt auf das prächtige Fürstbischöfliche Schloss 7 zu, offizieller Sitz und repräsentatives Wahrzeichen der **Universität**. Im Hauptgebäude

befinden sich Rektorat, Verwaltung, Hörsäle und die Aula. Vor allem bei Sonnenschein leuchtet weithin sichtbar oben auf dem Dach die goldene „Fortuna" **8** und setzt damit der Laterne mit Glockenspiel eine Krone auf.

Gern hätten die Münsteraner am prunkvollen Leben der Fürsten und ihrer Gefolge teilgenommen. Doch weit gefehlt: Obwohl Schlaun (-> S.38) dieses wunderschöne Schloss für den Kölner Kurfürsten und Münsterschen Fürstbischof Max-Friedrich von Königsegg-Rothenfels (1708-1784) konzipierte, blieben dieser und die in Bonn residierenden Fürsten Münster fern. Kein Fürstbischof hat sich hier je auch nur für Wochen aufgehalten.

JOHANN CONRAD SCHLAUN 1695 – 1773

In der Zeit des Nationalsozialismus hatte das Staatshochbauamt im Schloss seinen Sitz. Im Keller fanden mehrere Luftschutzräume Platz. Im 2. Weltkrieg wurde das Schloss von Brandbomben getroffen. Jedoch war es möglich, Teile der Einrichtung zu retten. Vom Schloss selbst blieben lediglich die Außenmauern nahezu intakt. Ab 1946 begann der Wiederaufbau, das Schloss wurde der Landesuniversität übertragen. Bereits im Januar 1949 fanden hier die ersten Vorlesungen statt.

*Münsters Schloss wurde zwischen 1767 und 1787 erbaut. Die typisch barocke Dreiflügelanlage mit lang gestrecktem Haupttrakt und vorgezogenen Seitenflügeln wird durch zahlreiche Nebengebäude und großzügige Parkanlagen ergänzt. Die symmetrische Anlage besteht aus dem von 3 Seiten umschlossenen Ehrenhof vor dem Schloss, der durch 2 Wachhäuser auf der linken und rechten Seite begrenzt wird. Rechts stehen noch heute ehemalige Marställe und Verwaltungsgebäude. Da der berühmte Baumeister Johann Conrad Schlaun 1773 noch während der Bauphase starb, wurde das Projekt von Wilhelm Ferdinand Lipper (1733-1800), einem Anhänger des Klassizismus, fortgeführt. Eine Gedenktafel mit Schlauns Konterfei **9** befindet sich an der Süd-Seite des Schlosses.*

Auf der gegenüberliegenden Seite des Schlossplatzes erwartet Sie im „Le Feu" eine riesige Flammkuchenauswahl. Hier findet jeder seinen Lieblingsflammkuchen, egal ob deftig, vegetarisch, fischig oder süß. Unser Liebling? Flammkuchen „Apfel-Calvados", mit Calvados flambiert!

Unter allen deutschen Großstädten mit über 300.000 Einwohnern weist Münster mit rund 20% die höchste Studentendichte auf.

Regelmäßig finden besondere Veranstaltungen vor dem Schloss mit seinem großen Vorplatz, dem Schlossplatz, statt. Das internationale Reitturnier „Turnier der Sieger", kulinarische Feste, Open-Air-Kino und -Konzerte, aber auch der „Bürgerbrunch" bekommen ein ganz spezielles Flair vor dieser prächtigen Kulisse (-> S. 101ff).

Was nur wenige wissen: An der Musikhochschule lehrt als Honorarprofessor der Münsteraner Musiker, Entertainer und promovierte Musikwissenschaftler mit der Haartolle, Götz Alsmann. Sein Gebiet ist die Popularmusik. Ein Teil seiner Lehrveranstaltungen ist öffentlich. Interesse?

Die Verbindung von Tradition und Moderne, die Münsters besondere Atmosphäre ausmacht, ist nicht zuletzt auf die **Westfälische Wilhelms-Universität, kurz WWU,** zurückzuführen. Denn wenn sich ihre rund 45.500 Studenten (Stand: WS 2017/18) in die 238 über die ganze Stadt verteilten Lehrgebäude begeben, prägen sie entscheidend das Bild der Stadt. Ein Erstarren in musealer Idylle ist also keinesfalls zu befürchten. Die WWU ist keine Campus-Universität. Das macht aber nichts: Dank der stadteigenen Fahrradautobahn Promenade ist jeder Seminarraum binnen einer Viertelstunde erreicht (-> S. 67ff).

Mit ihren rund 280 Studiengängen in 15 Fachbereichen gehört sie zu den 5 größten deutschen Universitäten. Zusammen mit dem Universitäts-Klinikum ist sie zugleich der größte Arbeitgeber der Stadt. Insgesamt hat Münster 11 Hochschulen, mehr als 60.000 Studierende, das Universitätsklinikum und international renommierte Forschungseinrichtungen.

Neben der WWU gibt es die Fachhochschule Münster, die Katholische Hochschule NRW, die Philosophisch-Theologische Hochschule Münster, die **Musikhochschule Münster** , die Kunstakademie Münster, die Deutsche Hochschule der Polizei, die FOM Hochschule für Oekonomie und Management, die Westfälische Verwaltungs- und Wirtschaftsakademie, die Fachhochschule für öffentliche Verwaltung NRW und die zeb/business school. Damit wird das vermeintlich kleine Münster zu einem Wissenschaftszentrum ersten Ranges. Ein weiteres Highlight, das den Wissenschaftsstandort ausmacht, ist der Technologiehof, der als Gründungs- und Servicezentrum von Universität, Stadt, Wirtschaft und Kammern konzipiert wurde. Es entstand in den Jahren 1990-1993 als Pionierbau für einen neuen **Wissenschafts- und Technologiepark** in Universitäts-Nähe, bestehend aus dem Max-Planck-Institut, dem Nanotechnologie-Zentrum und dem „Center for Soft Nanoscience".

Natürlich steht das Schloss auf dem „Schlossplatz". Aber so natürlich ist es auch wiederum nicht, denn bis 2012 hieß er noch Hindenburgplatz. Erst dann wurde er per Bürgerentscheid umbenannt.

Der **Schlossplatz** wurde von Fürstbischof Christoph Bernhard von Galen im 17. Jahrhundert als Vorfeld für seine neue Zitadelle angelegt. Heute wimmelt es hier fast immer von parkenden

Autos, wenn er nicht Veranstaltungen Platz gibt. So werden hier regelmäßig Zirkuszelte aufgebaut. Und dreimal im Jahr verwandelt sich der Platz in ein großes Volksfest, einem der größten im Münsterland. Es ist mal wieder „Send" (-> S. 101). Ein weithin sichtbares und hörbares Feuerwerk ⑪ gehört zu seinen Höhepunkten.

Hinter dem Schloss lädt als grünes Refugium neben Aasee und Promenade der **Schlossgarten** ⑫ mit dem Botanischen Garten zum Träumen, Entdecken und Entspannen ein.

Als Fan der Münster-Krimis kennen Sie sicher das Café direkt auf der Rückseite sowie auch auf der Vorderseite des Schlosses. Sie suchen es hier allerdings vergeblich – eben künstlerische Krimi-Freiheit!

Mord in Münster
S. 114

Geöffnet:
täglich
24.3.-14.10.: 9:00-19:00 Uhr,
15.10.-31.10.: 9:00-17:00 Uhr,
1.11.-22.3.: 9:00-16:00 Uhr

WILSBERG tatort

Mord in
Münster
S. 114

Der **Botanische Garten** mit seinen 23 Themengärten, dem Tast- und Riechgarten, dem großen **Tropenhaus** und der **Orangerie** lockt jährlich über 60.000 Besucher an. Zahlreiche Laub- und Nadelbäume sowie rund 8.000 unterschiedliche Pflanzenarten führen in eine faszinierende Natur.

Charmant wirkt die alte **Parkuhr** im Eingangsbereich, in die Sie gerne Ihre Freude über die Anlage mit einem finanziellen Dankeschön zum Ausdruck bringen können.

Besonders zu schützende Pflanzen sind in den 10 Gewächshäusern untergebracht. Der botanische Garten geht auf das Jahr 1803 zurück und ist seither mehrmals erweitert worden. Die unter Berücksichtigung der Schlossgartenflora geschaffene öffentliche Anlage dient als wissenschaftliche Einrichtung der Forschung und Lehre. Das **Kopfrelief am Tropenhaus** erinnert an den ehemaligen leitenden Gärtner Georg Ludewig (1876-1956).

Im „Schlossgartencafé" hinter dem Botanischen Garten bietet sich ein Kaffeenachmittag auf der Terrasse an.

Eine Attraktion ist der **Taschentuchbaum** am Hauptweg am Alpinum. Jährlich kommen hunderte Interessierte, um die „Blüte" des aus China stammenden Baumes zu sehen. An der Südseite des Botanischen Gartens wurde 1897 das Botanische Institut der Universität mit einem Hörsaal und mehreren Forschungslaboratorien errichtet.

Rund um den Aasee:
Freizeitspaß, Skulpturen
& wilde Tiere

SkulpTouren S. 116

„Il Divino": *anspruchsvolle italienische Küche mit imposantem Aaseeblick, täglich frischer Fisch, Mittagsgerichte; Terrasse mit Strandkörben.*

„A2": aussichtsreiche Location mit mehreren Ebenen direkt am Aaseeufer; Restaurant auf See-Ebene, Bar und Bistro im 1. OG, Skybar auf der Dachterrasse, moderne deutsche Küche.

In unmittelbarer Nähe bietet das Restaurant/ Café „Zum Himmelreich" himmlische Genüsse auf Erden; schöne Terrasse unter Bäumen, Wintergarten für Aaseeblick bei schlechtem Wetter, moderne westfälische/ mediterrane Küche.

RUND UM DEN AASEE

10 km Spazierwege, 18 ha Liegewiese, ein über 2100m langer und knapp 2m tiefer See, viel Raum für Kunst und das Ganze mitten in Münster. Sie befinden sich nur 15 Fußminuten vom Prinzipalmarkt entfernt im **Aaseepark** . Es wundert nicht, dass dieses Naherholungsgebiet nicht nur die Auszeichnung „Deutschlands schönster Park" (2008) erhalten hat, sondern sogar „Europas schönster Park 2009".

Der 1926-1934 angelegte künstliche See, dessen hinterer Teil erst in den 1970er Jahren hinzukam, staut das Wasser der münsterschen Aa und dient dem Hochwasserschutz. Aber nicht nur das, gleichzeitig ist der Aasee ein Eldorado für Jogger, Spaziergänger, Segler, Ruderer, Tretbootfahrer, Sonnenanbeter und Würstchengriller und bei zugefrorener Fläche auch für Schlittschuhfahrer.

Der Münster-Krimi-Kenner hat hier schon manche Filmleiche gesehen. Nicht zuletzt bietet der Park rund um den See Platz für zahlreiche Skulpturen. Die Werke sind zum größten Teil Errungenschaften der **Skulpturprojekte** (-> S. 6f). Die Pool-Position für den schönsten Seeblick befindet sich an den **Aaseeterrassen** ❶, wo sich auch der Tretbootverleih und die Segelschule befinden.

Das Areal des ehemaligen Zoogeländes dominiert das große weiße, markante Gebäude der **Landesbausparkasse LBS** ❷ in Form einer

Stufenpyramide. Dort, wo das weiße Bankgebäude an das Flüsschen Aa stößt, steht eine von Münsters größten Bronzeskulpturen (8,5m lang und 3,5m hoch), die *„Taten des Herakles"*, mit ihren zahlreichen Figuren 1973 vom Sendenhorster Bronzegießer Bernhard Kleinhans (1926-2004) geschaffen. Ihre Vielgliedrigkeit und ihre bizarren Formen stehen in besonderem Kontrast zu der Bronzeskulptur *„Large Vertebrae"* ❹, „Wirbel", (1968/69) von Henry Moore ganz in der Nähe.

Unübersehbar und auch wegen des plätschernden Wassers unüberhörbar ist die 16,5 m hohe *Wasserplastik* ❺ von Heinz Mack aus dem Jahr 1977, von den Münsteranern auch Monetenturm oder Monetenbrause wegen des benachbarten Bankgebäudes genannt. Achtung: Gehen Sie nicht zu nah heran – es könnte nass werden!

In den Jahren 2006-2009 war der schwarze Schwan Petra ❸ *der Magnet auf dem Aasee. Er entfachte aufgrund seiner bizarren Liebe zu einem weißen Schwanen-Tretboot einen weltweiten Medienrummel. Seit der Silvesternacht 2008/09 ist er verschwunden und soll mit einem lebendigen Partner seinen Lebensabend in der Vogel-Pflegestation in Osnabrück verbringen. Und wenn sie nicht gestorben sind, dann leben sie noch heute.*

Mord in Münster S. 114

Das vierte Kunstwerk im Bunde - die **Abluftplastik** ⬡ von Friedrich Gräsel, 1972 - verbindet technische Funktion mit Kunst, weil es gleichzeitig die Endrohre für die Klimaanlage sind.

Auf dem kleinen Hügel am Rande des ehemaligen Zoo-Areals thront seit 1892 die **Tuckesburg** ⬡. Im Mittelalter stand an dieser Stelle eine Ritterburg mit einer Hinrichtungsstätte, in der ein Henker reiche Bürger und Adelige exekutierte. Errichtet und bewohnt hat dieses Wohnhaus der Planer des Aasees und Zoogründer Professor **Hermann Landois** ⬡ (1835-1905), dessen Denkmal am Eingang zum Allwetterzoo steht. Daran, dass diese Burg ursprünglich zu den Befestigungsanlagen der Stadt

Der skurrile Wissenschaftler Professor Hermann Landois lebte hier bis zu seinem Tod gemeinsam mit seinem dem Alkohol zugeneigten Affen „Lehmann". Der kauzige Zoodirektor umgab sich in seiner Burg mit einer Fülle sonderbarer Requisiten, so z.B. den Wiedertäuferkörben, einer historischen Riesengranate und angeblich aus der Belagerung der Stadt Münster stammenden gigantischen Kanonen.

gehörte, erinnert der **Wasserbär** ⬡ im anschließenden Parkgelände. Hier steht auch noch der **Eulenturm** ⬡ als Relikt der ehemaligen Tiergehege des alten Zoos.

Am Rande des Spielplatzes hinter dem Eulenturm lohnt es sich, einmal den Bodenbelag genauer anzusehen. Dort ist auf dem 1. Blick ein unscheinbarer Platz mit Gussbetonplatten ausgelegt. 13 Formen bilden ein Muster. In ausgewählten Zwischenräumen der Betonplatten hat der Bildhauer Martin

Boyce 2007 Messingbänder eingelegt, die die Worte bilden: *„**We are still and reflective**"* („Wir sind still und reflektieren") - diese zu erkennen, erfordert allerdings schon einen ganz besonderen Blick. Verbunden ist das alte Zoogelände mit dem Aaseepark durch die *„**goldene Brücke**"* (erbaut Ende des 19. Jahrhunderts) - von hier aus gesehen hinter dem LBS-Gebäude. Wenn Sie die Brücke überqueren und herunter an das Aaseeufer gehen, sehen Sie links am nördlichen Ufer des Sees 3 riesige weiße Kugeln auf der Wiese. Es sind die weithin bekannten und eng mit dem Stadtbild verbundenen *„**Giant Poolballs**"* (Billardkugeln) von Claes Oldenburg. Nachdem sie 1977 für die

 Der Begriff „Wasserbär" stellt schnell eine Verbindung zum Zoo her. Doch weit gefehlt: Er ist abgeleitet von Wasserwehr. Ursprünglich dienten die ehemals 10 Wasserbären dazu, den Wasserstand in den die Stadt umgebenden Gräben auf gleicher Höhe zu halten und bei einer Beschädigung des Walls ein völliges Leerlaufen der gesamten Grabenanlage zu verhindern. Die oben spitz zulaufenden Rundtürme sicherten die Mauern zudem gegen ein Überklettern durch Angreifer ab.

 Die „goldene Brücke" wurde im 19. Jahrhundert gebaut. Im Volksmund erhielt sie diesen Namen, weil die Baukosten so hoch waren, dass man die Brücke gleich aus Gold hätte bauen können.

 In der Aegidiistraße begrüßt Sie das coole „Café Gasolin" herzlich auf eine Tasse Kaffee, einen Mocca und ein Stück Kuchen auch auf der Aussenterrasse.

SkulpTouren S. 116

Einen wunderbaren Ausblick über den alten Aasee und auf die Skyline von Münster kann man von dem „schwebenden" Gehweg auf der Torminbrücke genießen.

SkulpTouren
S. 116

Mord in Münster
S. 114

1. Skulpturprojekte hier aufgestellt worden waren, benötigten sie Polizeischutz. Aufgebrachte Münsteraner versuchten, sie in den See zu rollen. Vergeblich. Heute sind sie eines der Markenzeichen der Stadt.

Folgen Sie nun dem Uferweg nach rechts, vorbei an der Segelschule und genießen Sie den Blick auf den See. Der **„Pier"** 13 von Jorge Pardo ist ein Relikt der 3. Skulpturenausstellung 1997. Die 40m lange Steganlage bietet einen herrlichen Blick auf die nahe Stadt und ist ein beliebter Treffpunkt und Aufenthaltsort für Jung und Alt. Schräg gegenüber auf der Wiese steht die Metallkonstruktion des Künstlers Ilya Kabakov „Blickst du hinauf und liest diese Worte." 14. Hier lohnt es sich, nach oben zu schauen, am besten im Liegen, und den Zauber dieses Blicks zu genießen. Hilfestellung geben die kaum sichtbaren Buchstaben zwischen den Fühlern dieses Kunstwerkes:

„Mein Lieber! Du liegst im Gras, den Kopf im Nacken, um Dich herum keine Menschenseele. Du hörst nur den Wind und schaust hinauf in den offenen Himmel – in das Blau dort oben, wo die Wolken ziehen–, das ist vielleicht das Schönste, was Du im Leben getan und gesehen hast."

Der **Wewerka-Pavillon** dahinter wirkt wie ein riesiges Insekt mitten im Grünen. Betreten verboten! Dies ist auch gar nicht erforderlich, da der von Stefan Wewerka entworfene Pavillon rundum verglast und einsehbar ist. Seit 1988 ermöglicht dieser Raum Studenten der Kunst-

akademie sowie renom-
mierten Künstlern, ihre
Werke der Öffentlichkeit zu
zeigen.

Wundern Sie sich nicht,
wenn sie sonntags
zwischen 10 und 18 Uhr
unter der **Torminbrücke**
15 hergehen und Gesang
hören: Seit der Skulpturenausstellung 2007 ertönt
hier aus Lautsprechern von der Künstlerin Susan Philipsz die Arie „Barcarole"
aus der Oper „Hoffmanns Erzählungen"
von Jacques Offenbach. *„**Das verlorene
Spiegelbild**"* 16 hat sie diese Installation
betitelt. Laufen Sie nicht an der Hecke etwas weiter links vorbei. Nicht nur, dass sie
fast immer präzise beschnitten ist, auch
sie bildet ein Kunstwerk: *„**Weniger wild
als andere**"* 17 von Rosemarie Trockel
aus dem Jahr 2007. Die zwei Blöcke des
Eibenbusches bilden einen verjüngenden
Spalt, durch den das Wasser des Aasees
schimmert und ein am anderen Ufer ste-
hendes Hochhaus zu erkennen ist. Etwas
weiter rechts, erhöht auf der Wiese, sind
2 konzentrische Ringe aus Beton 18 zu
sehen, ein titelloses Kunstwerk von Donald
Judd aus der Skulpturenausstellung 1977.
Der innere Ring ist horizontal ausgerichtet,
der äußere folgt der Schräge des Abhangs.

SkulpTouren
S. 116
16 17
18

Mord in
Münster
S. 114

Wenn Sie von den Aaseeterrassen aus den Mühlenhof, den Allwetterzoo, das Pferdemuseum oder das Naturkundemuseum mit dem Planetarium besuchen wollen und Ihnen der Fußweg zu lang ist, bietet sich In den Sommermonaten eine Bootsfahrt mit dem **Solarschiff „SOLAARIS"** an.

 Solarschiff SOLAARIS Saison: 24. März - 28. Okt. 2018.

Erlebenswert: „Café Uferlos" mit Terrasse im 1. OG mit Aaseeblick und täglich frischem Kuchen sowie Pizza, Pasta und Salat, Großbildleinwand und Bildschirme für SKY-Übertragungen.

Eine Mixtur aus Café, Lounge und Restaurant ebenfalls mit Seeblick bietet das „Relax"; Ganztagsangebote von der Frühstücks- bis zur Abendkarte, preiswerte Mittagsgerichte einschließlich Getränk.

 Große Auswahl für den kleinen Geldbeutel in lockerer Studentenatmosphäre u.a. mit Vegan-Grill, Dessertbuffet und Wokstation bietet auf der gegenüberliegenden Seite die „Mensa am Aasee" auch für Nichtstudenten.

 Geöffnet: montags-sonntags: 10:00-18:00 Uhr (Einlass bis 17:00 Uhr)

Natürlich erreichen Sie das **Freilichtmuseum Mühlenhof** ⑲ auch zu Fuß. Es bewahrt und vermittelt in ganz eigener Form etwas von der Kultur, dem Handwerk und der Geschichte dieser Region. Als Museumsdorf wurde es rund um eine **Bockwindmühle** aus dem Jahre 1748 errichtet, dazu gehören ein Mühlenhaus von 1619, der prächtige Gräftenhof von 1720, ein Backhaus, eine Rossmühle, ein Spieker, ein Kötterhaus, Dorfläden, eine Schmiede und eine alte Landschule. Im Innenhof erinnert die Bronzeplastik **„Spökenkieker"** ⑳ von dem münsterschen Künstler Rudolf Breilmann an

die Menschen im Münsterland, die Ereignisse „vorhersehen" konnten.

Vom Freilichtmuseum erreichen Sie in wenigen Minuten den **Allwetterzoo** und die Museen. Rund 3.500 Tiere aus 400 verschiedenen Tierarten aller Kontinente führen Sie dort auf eine spannende zoologische Weltreise. Auf die knapp 5 km langen Besucherwege dürfen sogar Hunde mitgebracht werden. Die überdachten „Allwettergänge", die die Gehege miteinander verbinden, geben dem Zoo seinen Namen. Das Markenzeichen sind Tiererlebnisse „hautnah", wie z.B. bei den **Sibirischen Tigern** ㉑, denen Sie nur durch bodentiefe Glasscheiben getrennt gegenüberstehen.

Zu den Highlights gehören das „Africaneum" für Gorillas und afrikanische Schweine, die „Zo-ORANGerie" mit Orang-Utans und Zwergottern sowie der „**Elefanten-Park**" ㉒, eine Wellness-Oase für Dickhäuter.

Mühlenhof: Gemütlich genießen in westfälischer Heimatatmosphäre: Im Tagescafe „Dorfkrug" gibt es ein täglich wechselndes Angebot kleiner Speisen sowie frischen Kuchen aus eigener Bäckerei.

Zoo: Geöffnet: täglich ab 9:00 Uhr, März und Oktober bis 17:00 Uhr, April bis September bis 18:00 Uhr, November bis Februar bis 16:00 Uhr

Mord in Münster
S. 114

Das **Westfälische Pferdemuseum** ㉓ im Allwetterzoo präsentiert neben der Natur- und Kulturgeschichte von Pferd und Mensch auch den Reitsport in Westfalen. Neben 1000 qm Ausstellungsfläche und einem großzügigen Foyer gehört zum Museum die Arena **Hippomaxx**, in der regelmäßig Pferdeshows

und andere Veranstaltungen rund um das Thema Pferd stattfinden.

Im benachbarten Komplex, dem **LWL-Museum für Naturkunde** 24 mit **Großplanetarium** 25 können Sternengucker, Dinosaurier-Fans und alle, die an Natur und Menschen interessiert sind, unter 9.000 künstlichen Sternen den Himmel auf Erden erleben und in Sekundenschnelle eine Zeitreise ins Erdmittelalter unternehmen. Aber auch fetzige Musikshows mit Multimedia-Effekten, z.B. mit der Musik von Pink Floyd, kann man hier erleben. Im Museum befinden sich einzigartige Objekte: der weltweit größte Ammonit mit 1,80m im Durchmesser und das nur hier in Deutschland als hinterleuchtetes 12 qm großes Bild dargestellte „Porträt der Milchstraße".

Westfälisches Pferdemuseum: Geöffnet: täglich April bis September 9:00-18:00 Uhr, Oktober und März 9:00-17:00 Uhr, November bis Februar: 9:00-16:00 Uhr, Heiligabend und Silvester: 9:00-12:00 Uhr

Geöffnet: dienstags-sonntags und feiertags: 9:00-18:00 Uhr.

Nicht nur für Sonnenanbeter ist die große Seeterrasse des „Moro 112" am hinteren Aasee. Hier kann man die Abendsonne bis zum letzten Strahl genießen.

Promenade:
Fahrradautobahn &
Spazierweg unter Linden

Das starke doppelte Befestigungssystem aus einem Wassergraben und einem mächtigen Erdwall mit Wachhäusern und Türmen geht auf die Mitte des 12. Jahrhunderts zurück. Einen entscheidenden Eingriff erlitt die Befestigung jedoch 1661, nachdem Fürstbischof Christoph Bernhard von Galen im Westen die Zerstörung der Mauer und die Errichtung einer von einem doppelten Graben umgebenen Zitadelle erzwang. Nach dem Siebenjährigen Krieg ließ Franz von Fürstenberg im Jahre 1770 die mächtige Befestigungsanlage beseitigen, um hier nach den Plänen Schlauns eine Promenade zu bauen. Dazu wurden der Innengraben verfüllt und auf dem Außenwall eine vierreihige Lindenallee angelegt. Ihren heutigen parkartigen Charakter bekam die Promenade im 19. Jahrhundert.

Wenn eine Stadt so viele Fahrradfahrer hat, dann braucht sie natürlich auch eine **Fahrradautobahn** , das meinen jedenfalls die Radfahrer und nutzen die Promenade gerne als solche. Aber Fußgänger und Inline-Skater lassen sich trotzdem nicht davon abbringen, sie ebenfalls als wichtige Verkehrsachse zu nutzen. Der 4,5 km lange prächtige Grüngürtel zieht sich da um die Altstadt, wo einst die Stadtmauern waren.

Die Promenade hat Münsters Ruf als „schöne Stadt im Lindenkranz" begründet, als die sie in dem bekannten Münsterlied besungen wird. Und diese Lindenallee zeigt sich insbesondere im Sommer mit dem süßlichen Duft der Lindenblüten und im Herbst mit ihren bunten Blättern von ihrer besten Seite. Mit einem geschlossenen, **von rund 2.000 Linden gesäumten grünen Ring** ❷ trennt sie die Altstadt deutlich von den umliegenden Stadtteilen.

SkulpTouren S. 116

Die Promenade ist aber nicht nur Verkehrsweg, sondern bietet auch verschiedenen Veranstaltungen ein herrliches Ambiente, z.B. dem großen **Promenadenflohmarkt** und der **Grünflächenunterhaltung** (-> S. 102).

Machen Sie es wie viele Münsteraner und genießen Sie einen Spaziergang auf der Promenade. Selbstverständlich können Sie ebenso mit dem Rad oder dem Segway die Promenadentour in Angriff nehmen. Beginnen Sie am besten an Münsters „rotgehäubtem Satan", dem **Buddenturm** . Sie erreichen ihn, wenn Sie über Spiekerhof und Rosenstraße die Innenstadt verlassen und gegenüber der **Diözesanbibliothek** (-> S. 46) rechts in die Schlaunstraße abbiegen. Sie passieren rechts die Evangelische Universitätskirche **Observantenkirche** ❹ und schon erhebt sich vor Ihnen der mächtige helle Turm.

Die Bezeichnung „Buddenturm" geht zurück auf die alte niederdeutsche Bezeichnung „budde" für Teufel. Ob hier wirklich der Teufel hauste, ist nicht belegt. Auf jeden Fall aber ist dieses Bauwerk das wohl markanteste Relikt der alten Stadtbefestigung. Kaum zu glauben, diese grüne Idylle der **Kreuzschanze** direkt dahinter an der Promenade mit Teichanlage und sog. Liebeshügel war einst eine schwer gesicherte Bastion. Bei den Grabungen im Zuge der Umgestaltung der Kreuzschanze

Auffallend ist das Südportal der Kirche mit seinen barocken Formen und gotischen Stilelementen. Bei dieser dreischiffigen Hallenkirche sind Chor und Hallenlanghaus nicht wie bei den meisten Gotteshäusern nach Osten, sondern nach Nordosten ausgerichtet. Das liegt daran, dass sich der Baukörper dem Straßenverlauf angepasst hat. Im Innern ist das Gotteshaus hell und sehr spartanisch. Die ehemalige Klosterkirche bietet heute Raum für die beliebten Observantenkonzerte.

Geöffnet: nur zu Gottesdiensten und Konzerten.

*Als einziger von 7 Wehrtürmen der hochmittelalterlichen Stadtbefestigung rund um Münster ist der **Buddenturm** bei der Beseitigung dieser Befestigung zwischen 1764 und 1767 stehengeblieben, und zwar, weil er als Pulvermagazin verwendet wurde – daher auch sein Zweitname „Pulverturm". Nachdem er zwischenzeitlich als Gefängnis, Wasserturm, Lagerraum und Schaltstelle für die Straßenbeleuchtung diente, gaben die Stadtwerke 1992 diese Nutzung auf und der Turm ging zurück an die Stadt Münster. Der Buddenturm wurde in die Skulpturenausstellungen 1987 und 1997 einbezogen. Auf der Westseite ist noch die Stahlkonstruktion von 1987 zu sehen, die Lichtinstallation von 1997 wurde abgebaut.*

im Jahr 1898 rüttelte eine Entdeckung wie ein Paukenschlag die Kunstwelt auf. Es traten kostbare Monumentalskulpturen aus dem 14. bis 16. Jahrhundert zu Tage. Diese kamen u.a. vom Westportal der Überwasserkirche und dienten den Wiedertäufern (-> S. 21) als Füllmaterial für ihre Verteidigungsanlage. Die kostbaren Werke sind heute im LWL-Museum für Kunst und Kultur (-> S. 28) ausgestellt.

An der Kreuzschanze erinnern Denkmäler an 3 Münsteraner Persönlichkeiten: an den Komponisten und Musiker Julius Otto Grimm (1827-1903), den Priester und Zoologen Bernard Altum (1824-1900) und die Dichterin **Annette von Droste Hülshoff** ⑤ (1797-1848).

Annette von Droste Hülshoff gilt als „Deutschlands größte Dichterin" und ist als Autorin von Weltrang anerkannt. Geboren wurde sie 1797 auf dem Wasserschloss Hülshoff (-> S. 92). Nach dem Tod des Vaters zog sie 1826 mit Mutter und Schwester auf Haus Rüschhaus (-> S. 92). Der heutige Ruhm der Droste gründet sich insbesondere auf die Novelle „Die Judenbuche", von der über 8 Mio. Exemplare verkauft wurden, sowie ihre Naturlyrik-Texte.

Hinter der Kreuzschanze befindet sich das **Kreuzviertel** , einer der schönsten Stadtteile Münsters. Seine zahlreichen denkmalgeschützten, luxuriösen Häuser und kleinen Cafés versprühen einen ganz besonderen Charme. Mehr als alle anderen Stadtviertel wird es von Altbauten aus der Jahrhundertwende des 19./20. Jahrhunderts geprägt. Denn Kriegszerstörungen gab es hier weniger als in der über 90% zerstörten Innenstadt.

Setzen Sie nun Ihren Rundgang über die Promenade Richtung Osten fort und lassen das Kreuzviertel links liegen. Kurz vor der übernächsten Straßenüberquerung sehen Sie rechts einen Spielplatz, der zu etwas ganz Besonderem einlädt: zum Abschnullern. Denn hier steht ein **Schnullerbaum** . Es ist eine farbenfroh dekorierte, mächtige Roteiche. Die farbigen Kleckse sind nichts anderes als Bänder mit Schnullern. Hier dürfen die Kleinen mit einem Hubsteiger in die Krone dieses Baumes fahren und ihren lieb gewonnenen Seelentröster aufhängen.

 Trotz ihrer Bekanntheit hält sich Münster in der Innenstadt mit Ausnahme der an der Kreuzschanze versteckt stehenden Büste der Dichterin mit Erinnerungen an sie sehr zurück. Nur ihr erster Gedichtband, erschienen 1838 in einer Auflage von 400 Exemplaren, ist im Stadtmuseum zu besichtigen. Lediglich das Restaurant „Deckenbrocks Kleiner Kiepenkerl" würdigt sie mit seinem liebevoll gestalteten Annette-Zimmer .

Der Name Kreuzviertel geht auf den mittelalterlichen Brauch zurück, ein Kreuz aus dem Dom in feierlicher Prozession zum „Kreuztor" zu tragen.

Für eine Pause bietet sich mittags und abends das „Pasta e basta" an: italienische Lebensfreude und mediterrane Speisen in schönem Ambiente und neben der Cucina Traditionale immer wieder Neues von Land und Meer. Unbedingt probieren: Spaghetti della Casa und Spaghetti rustica.

Geöffnet: täglich 9:30-18:30 Uhr

Verlassen Sie an dieser Straßenüberquerung kurz den Grüngürtel, biegen nach rechts in die Wasserstraße, um kurz darauf erneut nach rechts in die Neubrückenstraße zu gehen. Dieser kleine Abstecher belohnt Sie mit einigen Highlights.

Als erstes fällt der romanische Kirchturm mit seiner barocken Haube auf. Kein geringerer als der Baumeister Schlaun hat den Turm der **Martinikirche** ❾ bekrönt. Die einst romanische, später zu einer gotischen Hallenkirche aus dem 12. Jahrhundert umgebaute, dreischiffige Basilika ist in ihrer festen Ausstattung heute komplett reduziert, fast alle Kunstwerke sind entfernt worden. Denn seit 2014 ist die Jugendkirche effata[!], das Zentrum für katholische Jugendarbeit, Hausherrin des Gotteshauses. Nach der jugendorientierten Sanierung haben eine professionelle Licht-, Ton- und Videotechnik den Platz von Altären, Epitaphien und Heiligenfiguren eingenommen, um besondere Möglichkeiten zu bieten, jugendlich-kreative Gottesdienste und Ausstellungen zu gestalten.

Direkt dahinter erhebt sich Münsters **Theater** ❿. Es wurde am 04.02.1956 als einer der ersten Theaterneubauten nach dem 2. Weltkrieg eröffnet - als „befreiender Donnerschlag der Architektur" ging es in die Geschichte ein. Verantwortlich zeichnet sich das damals junge Münsteraner Architektenteam um Harald Deilmann, Max Clemens von Hausen, Ortwin Rave und Werner Ruhnau. Mit der eigenwilligen Grundform setzten sich die

Architekten bewusst von dem typischen münsterschen historischen Wiederaufbau ab. Man wollte einen Neubau, der sich in den urbanen Kontext einfügt. Daher wurde auch der Ruinenrest des hier einst stehenden Adelspalais Romberger Hof in einen Innenhof mit Theatercafé einbezogen.

Dem Großen Haus des Theaters mit 955 Sitzplätzen wurde mit dem 1971 eröffneten Kleinen Haus mit rund 280 Plätzen eine 2. Spielstätte angegliedert. Mit einem Angebot aus 5 verschiedenen Sparten – Musiktheater, Schauspiel, Tanztheater, Konzert und Jungem Theater – bietet es ein vielfältiges, gleichermaßen traditionelles wie avantgardistisches Programm.

 Die Theatertradition in Münster wurde im 18. Jahrhundert durch Franz Freiherr von Fürstenberg begründet. Nach dem Abbruch des „Fürstbischöflichen Komödienhauses" 1890 entstand das Lortzing-Theater im ehemaligen klassizistischen Adelshof der Familie von Romberg, dem Romberger Hof, auf dem heutigen Grundstück des Theaters.

SkulpTouren
S. 116

 Direkt über dem Eingangsbereich des Theaters „schweben" 2 dünne Eisenrohre wie in einer lockeren Schlaufe. Hier hat nicht ein Handwerker etwas vergessen, es ist auch kein Relikt der Skulpturprojekte. Es ist die „Raum-Zeit-Plastik" von Norbert Kricke, ein Kunstwerk aus 1955/56.

Die **Apostel-Kirche** ⑪ diagonal gegenüber ist der erste rein gotische Sakralbau Münsters. Die Kirche wurde 1270 errichtet und ist zugleich das älteste evangelische Gotteshaus der Stadt. Das Innere wirkt wie eine langgestreckte gotische Halle. Die meisten Ausstattungsstücke stammen aus den 1970er Jahren. Besonders sehenswert sind die Deckenmalereien aus dem 15. und 16. Jahrhundert mit floralen und figürlichen Darstellungen.

 Geöffnet: montags bis donnerstags 7.30-16.30 Uhr, freitags 7.30 -16.00 Uhr

Wenn Sie zurück zur Promenade gehen, sehen Sie auf der anderen Straßenseite ein mächtiges Bauwerk, den *Zwinger* ⑫. In seiner über 500 Jahre alten Geschichte war er schon so ziemlich alles: Bollwerk und Geschützturm, Schwarzpulver-Mühle, Kaserne, Maleratelier und Gefängnis. Gegen Ende des 2. Weltkrieges diente er als Hinrichtungsort von Zwangsarbeitern durch die Gestapo. Seine Entstehung verdankt der Zwinger einem technischen Problem. Irgendwo musste der Fluss Aa durch die Stadtmauern fließen. Und damit durch die „Aa-Lücke" im Wall keine Feinde eindringen konnten, baute man dort im 16. Jahrhundert ein mächtiges Bollwerk. Mit einem Durchmesser von 24m und einer Wandstärke von 4,60m zählt er zu Deutschlands bedeutendsten Wehrtürmen. Nach dem Krieg wurde das durch alliierte Bomben fast zerstörte Bauwerk wiederaufgebaut. Seit 1997 ist die Ruine ein „Mahnmal für die Opfer der Gewalt". Seit 1998 ist der Zwinger eine Außenstelle des Stadtmuseums Münster und der Öffentlichkeit zugänglich.

🕐 *Geöffnet: Juni-September: sonntags 14:00-18:00 Uhr*

SkulpTouren
S. 116

SKULPTOUR

👍 *Im Rahmen der Skulpturenausstellung 1987 errichtete die Künstlerin Rebecca Horn im Inneren die Installation „Das gegenläufige Konzert", die an die dort getöteten Menschen erinnert. 42 Metallhämmer an den Wänden lösen regelmäßig ein tickendes Geräusch aus, das im Zusammenwirken mit den aufgestellten ewigen Lichtern eine beklemmende Atmosphäre schafft.*

👍 *Seit 2014 gibt es einen wunderschönen Hochzeitsgarten direkt hinter dem Kloster. Hier können die Brautpaare auf ihr Glück anstoßen – einfach ideal für den privaten Sektumtrunk und zusätzlich eine beliebte Kulisse für Hochzeitsfotos. Bei der Auswahl der Pflanzen orientierte man sich an der Farbe Weiß, im europäischen Kulturkreis das Symbol für Hochzeiten.*

An der nächsten Straßenüberquerung lohnt es sich, nach rechts einen kleinen Ausflug in die Hörsterstraße zu machen. Nach wenigen Schritten liegt auf der rechten Seite ein wunderschönes altes Gebäude.

Hinter den barocken Mauern des **Lotharinger Klosters**  befindet sich heute in stilvoller und geschichtsträchtiger Atmosphäre das Standesamt. Der dazugehörige Hochzeitsgarten rundet das besondere Ambiente ab. Das Schlaun'sche Gebäude hat bewegte Zeiten erlebt. Einst wurden hier die Lotharinger Chorfrauen unentgeltlich unterrichtet, später wurde das Kloster als Kaserne, Wohnraum oder Stadtarchiv und heute eben als Standesamt genutzt.

Weiter die Promenade entlang sehen Sie schon bald auf der linken Seite das erste moderne Hochhaus der Stadt: Das **Iduna-Hochhaus**  steht seit 1961/62 auf dem Servatiiplatz und genießt inzwischen Denkmalschutz – und das mit einem wahren Funkmasten-Dschungel auf dem Dach.

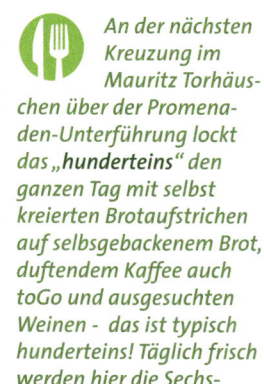

An der nächsten Kreuzung im Mauritz Torhäuschen über der Promenaden-Unterführung lockt das „hunderteins" den ganzen Tag mit selbst kreierten Brotaufstrichen auf selbsgebackenem Brot, duftendem Kaffee auch toGo und ausgesuchten Weinen - das ist typisch hunderteins! Täglich frisch werden hier die Sechs-Pfund-Laibe aus Natursauerteig gebacken.

Der Mann davor mit seiner etwas zu großen Brille und den abstehenden Ohren wirkt irgendwie lustig. Aber die Geschichte der Person Paul Wulf  *(1921-1999), die hinter dieser Skulptur steckt, ist alles andere als lustig.*
Als Heimkind wurde er 1932 in eine Anstalt für Geisteskranke eingewiesen. Er war ein libertärer Anti-Faschist und ein Aufklärer über eines der dunkelsten Kapitel deutscher Geschichte: die im Rassenwahn begründete Zwangssterilisierung von angeblich „erbkranken" Menschen. Die Künstlerin Silke Wagner entwarf für die Skulpturenausstellung 2007 diese Skulptur, als Teil des Projekts „Münsters Geschichte von unten". Nach einem Skulpturenstreit wurde die Skulptur abgebaut, dann aber 2010 an dieser Stelle wieder aufgestellt, aus Mitteln des Freundeskreises Paul Wulf und vieler Münsteraner Fans. Ob sie den Standort behält, ist ungewiss.

SkulpTouren
S. 116

Auf der anderen Seite der Salzstraße bietet das „ALEX" alles in einem: Café, Kneipe, Bar, Bistrorant und zwar zum Frühstück, mittags, abends – immer. Und hier gibt es auch fast alles: Salate, Flammkuchen, Baguettes, Steak, Burger, asiatische Köstlichkeiten oder sonntags tolles Brunch-Buffet.

An der nächsten Straßenkreuzung liegt auf der linken Seite - erkennbar an einem großen roten Lack-Teppich - das weltweit einmalige **Museum für Lackkunst** 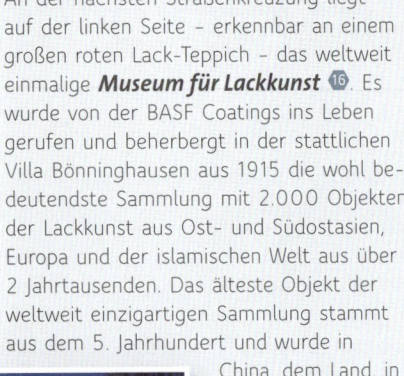. Es wurde von der BASF Coatings ins Leben gerufen und beherbergt in der stattlichen Villa Bönninghausen aus 1915 die wohl bedeutendste Sammlung mit 2.000 Objekten der Lackkunst aus Ost- und Südostasien, Europa und der islamischen Welt aus über 2 Jahrtausenden. Das älteste Objekt der weltweit einzigartigen Sammlung stammt aus dem 5. Jahrhundert und wurde in China, dem Land, in dem sich die Anfänge der Lackkunst finden, gefertigt. Besonders schön sind der filigrane Altarschrein aus Japan und die kunstvollen Kommoden und Kabinettschränke. Das Stadtpalais wurde ursprünglich zu Beginn des 20. Jahrhunderts für eine Adelsfamilie erbaut, es hatte verschiedene Nutzungen, u.a. war hier bis 1982 das Stadtmuseum beheimatet. Seit 1993 befindet sich hier das Lackmuseum.

Geöffnet: dienstags 12:00-20:00 Uhr, mittwochs bis sonntags und feiertags 12:00-18:00 Uhr

Wissen Sie, woher Naturlack kommt? Aus der Rinde des Lackbaums. Wissen Sie, wie ein Lackbaum aussieht? Schauen Sie in den Garten des Lackmuseums, dort steht ein echter Lackbaum.

Bei der **Engelenschanze**  gegenüber wird der Charakter der alten, mit Wassergräben umgebenen Befestigungsanlage besonders deutlich. Auf der einen Seite sieht man noch einen Rest der alten Stadtmauer, auf der anderen den trockengelegten Graben.

Luft und Licht machen den besonderen Reiz der kinetischen Plastik „Drei rotierende Quadrate" *auf dieser Grünanlage aus. Die Skulptur des Künstlers George Rickey aus dem Jahr 1975 reagiert allein auf die Luftbewegung. Die Oberfläche der Edelstahlkonstruktion ist so bearbeitet, dass sie das Licht reflektiert und wunderschöne Lichtspielereien zaubert. Allerdings taten die Münsteraner sich damals extrem schwer, dieser damals so modernen Skulptur in ihren historischen Gefilden Platz zu geben, war sie ihnen doch zu jener Zeit viel zu avantgardistisch.*

Schon bald kommen Sie an einen von Münsters wichtigsten Verkehrsknotenpunkten: den großen, zweispurigen **Ludgerikreisel** ⑲, links liegend. Benannt ist er nach dem friesischen Missionar Liudger oder auch Ludger, der als Gründer der Stadt angesehen wird. Täglich schlängeln sich hier rund 40.000 Autos und Busse sowie über 12.000 Radfahrer durch. Auffallend sind die unzähligen **Kaninchen**, die ruhig und ungestört in der Mitte sitzen. Längst gelten sie als hoppelnde touristische Sehenswürdigkeit.

 Schräg gegenüber über die Windthorststraße hinweg lockt eine Terrasse direkt an der Promenade. Hier in der „L'Osteria" gibt es Pizzen, die über den Tellerrand hinausragen, und selbstgemachte Pasta. Lassen Sie sich einmal bei den Dolci von „Pera con Granello" überraschen!

SkulpTouren
S. 116
⑱

 An dieser Stelle errichtete sich 1781 der Pfennigkammersekretär Johann Joseph Engelen (1732-1797) ein Herrenhaus mit Gartenanlage, daher der Name „Engelenschanze". Das Haus wurde im 2. Weltkrieg zerstört. Als später die Verkehrswege in diesem Bereich ausgebaut wurden, verkleinerte sich auch die Gesamtfläche. In den Jahren 1962/63 entstand hier eine städtische Grünanlage.

SkulpTouren
S. 116

20 21

Auch wenn das Befahren des Ludgeri-
Kreisels nicht selten eine Herausforderung
ist, lieben die Münsteraner ihren Ludgeriplatz. Als 2004 überlegt wurde, hier eine
Tiefgarage zu bauen, ging Münster auf
die Barrikaden und
rettete Kaninchen,
Osterglocken
und Rasen.

Gehen Sie hier
rechts in die Innen-
stadt und besuchen
kurz darauf die
Ludgerikirche 22. Dieses Gotteshaus vereint
romanische und gotische Architektur. Bestimmt wird das Gotteshaus in der Silhouette
der Stadt von seinem achteckigen „bekrön-
ten" Kirchturm. Im Innern geht das wuchtige
romanische Mittelschiff mit seinen unge-

*Die Skulpturen
„Knecht mit
Pferd" 20 und
„Magd mit Ochse" 21
von dem Künstler Karl
Bernewitz (1858-1934)
symbolisieren die engen
Beziehungen Münsters
mit dem ländlichen
Umland.*

*Geöffnet: werk-
tags 8:00-19:30
Uhr, samstags
und sonntags
8:00-18:00 Uhr*

*Geweiht
wurde das
Gotteshaus
dem Stadtgründer und
ersten Bischof von Münster,
dem Hl. Liudger. Bedeutsam:
St. Ludgeri ist eine Stufen-
Hallenkirche aus dem 14.
Jahrhundert mit der Besonderheit, das Licht durch die
Fenster der Seitenschiffwän-
de zu erhalten. Die 1944 fast
vollständig zerstörte Kirche
wurde 1961 wieder geweiht.*

wöhnlich breiten Pfeilern in einen schwe-
relosen Hochchor über – das macht den
besonderen Reiz des Innenraums aus. Berühmt ist das handgeschnitzte Kruzifix mit
dem gekreuzigten Jesus Christus ohne Arme
23 von 1929, das bei einem Bombenangriff
1944 beschädigt wurde. Die Stelle, an der
sich zuvor die Arme befanden, ziert nun die
Inschrift „ICH HABE KEINE ANDEREN
HAENDE ALS DIE EUREN".

Mord in Münster S. 114

Gegenüber der Ludgerikirche offeriert das Restaurant „Spitzner im Oer'schen Hof" mit seinem einzigartigen historischen Ambiente dienstags bis samstags mittags und abends eine abwechslungsreiche Karte, feine Speisen mit französisch, mediterranen Einflüssen.

Vor der Kirche gibt die Mariensäule von 1899 dem Marienplatz seinen Namen. Es ist eine Kopie, das Original steht in München vor dem Rathaus.

Am Marienpark fällt eine 6m hohe Skulptur auf. Der Kunstkenner denkt sofort an den berühmten Flaschentrockner des Künstlers Marcel Duchamp. Jedoch hält dieses runde Gerüst keine Flaschen, sondern Arme. Es ist die Skulptur der „100 Arme der Guan-yin" **24**, die nach der Skulpturenausstellung 1997 von der Stadt erworben wurde.

SkulpTouren S. 116

24

Neben der Anspielung auf Duchamps Kunstwerk bezieht sich die Skulptur auf die buddhistische Göttin Tausendarmige Guan-yin. Außerdem finden die „100 Arme" ihren Gegenpol und auch ihre Entsprechung in der Figur des gekreuzigten Jesus Christus in der Ludgerikirche, die im 2. Weltkrieg ihre Arme einbüßte.

Titus Dittmann, der „Lord of the board", ist ausgebildeter Lehrer. Er gründete den ersten deutschen Outdoor-Skaterpark, Europas erstes Skateboardteam, veranstaltete den ersten Halfpipe-Contest und baute 1984 einen Skateboard-Großhandel auf, aus dem 1994 ein verzweigtes Unternehmensnetzwerk hervorging. Mit seiner Stiftung „skate-aid" fördert er nationale und internationale humanitäre Kinder- und Jugendprojekte und wird dafür regelmäßig ausgezeichnet.

Auf der linken Straßenseite leuchten im ehemaligen **Apollo-Theater** ㉕ dreimal die Buchstaben „Titus". In diesem Kultshop finden Sie alles rund ums Skaten, von der technischen Ausrüstung bis zur Kleidung. Dieses Lifestyle-Kaufhaus gehört dem Imperium des „Vaters der deutschen Skateboard-Szene", Titus Dittmann aus Münster. Er ist mit seinem Unternehmen europäischer Marktführer im Einzelhandel mit Skateboards und Streetwear für Jugendliche. Die originale Theater-Architektur kann man noch im Gebäude bewundern.

Direkt gegenüber heißt es „Krawummel – Different Dining". Hier gibt es ausschließlich pflanzliche Produkte. Das gilt auch für die Burger. Bei den leckeren Falafel-Sandwiches haben Sie die Qual der Wahl.

Und? Sie sind nun infiziert vom „Promenadenbazillus" und noch nicht erschöpft? Dann machen Sie weiter, gehen zurück auf die Promenade und laufen weiter unter den Lindenbäumen entlang. Sie sehen links den Aasee, laufen vorbei am Schloss und schon sind Sie bald wieder am Buddenturm, da wo Ihr Rundgang begann. Wenn Sie genug vom „Grüngürtel" haben, können Sie auch über die Shoppingmeile Ludgeristraße zurück zum Prinzipalmarkt laufen. Oder Sie flanieren an den kleinen Läden der Königsstraße zurück zur Rothenburg.

Hafen & Hawerkamp:
Szeneviertel & Partymeile

Der „Hot Jazz Club" ist eine feste Institution, nicht nur für Jazz-Fans, auch Anhänger von Salsa, Blues, Soul und Folk kommen hier auf ihre Kosten. Er war im Mai 2000 einer der ersten Nutzer des für Kulturzwecke umgebauten Teils des münsterschen Binnenhafens.

Chic und total in, aber auch mit Platz für die alternative Kunst- und Kulturszene: Der Hotspot **Hafen** ❶ hat sich vom Problembezirk zum hippen Szeneviertel, vom Güterumschlagplatz im ehemaligen Binnenhafen zum **Kreativkai** und zur **Partymeile** ❷ entwickelt.

Den besonderen Reiz macht in diesem Gebiet die Mischung aus umgebauten Speicherhäusern und moderner Architektur aus: Angesiedelt haben sich Kreative sowie moderne Bürotempel und Geschäfte. Beim Spaziergang entlang des Hafenbeckens mit seinem außergewöhnlichen Flair lockt das bunte gastronomische Leben mit Kneipen, Cafés und Restaurants. Lohnenswert ist ein Besuch der **Kunsthalle**, die im obersten

Stockwerk des **Speichers II** 3 zeitgenössische Kunst präsentiert. In den anderen Etagen haben Künstler in über 30 Ateliers ideale Arbeitsbedingungen. Der ehemalige Getreidespeicher von 1899 ist typisch für die damalige Industriearchitektur und eines der wenigen Bauwerke aus der Frühzeit des Hafens.

Abends können Sie Live Jazz im **Hot Jazz Club**, ein Jazzkeller in einem ehemaligen, jetzt komplett renovierten Hafengebäude, erleben oder im Club feiern. Zudem gibt es hier vielfältige Möglichkeiten, gepflegt essen zu gehen. 2 besondere Großveranstaltungen im Hafengebiet wecken jährlich ein besonderes Medieninteresse: Einmal wird beim **Hafenfest** 4 mit seinem bunten Programm 3 Tage und Nächte gefeiert, was das Zeug hält, und einmal geht es um sportliche Höchstleistungen beim **Triathlon**. Wie Perlen an einer Schnur gibt es am Kreativkai zahlreiche Restaurants direkt am Wasser mit großen Fenstern und schönen Terrassen.

Kunsthalle
Geöffnet: Juni-September:
sonntags 14:00-18:00 Uhr

Vor der Umgestaltung dieses Areals standen die vernachlässigten Lagerhallen leer, es gab ungenutzte Grundstücke, denn der ab 1996 stetig zunehmende Rückgang des Güterumschlags hatte seine Folgen für den Stadthafen. Firmen verließen das Hafengebiet, die Fläche stand für eine Umstrukturierung offen. Als dann auch noch die Erbpacht- und Mietverträge ausliefen, packten die Betreiber des Hafens, die Stadtwerke Münster, die Gelegenheit beim Schopf und vermieteten nach anderen Vorstellungen.

Das „Café Med" ist Kult. Hier ist es immer voll und es gibt die beste Pizza. Hier trifft man sich aber auch gern bei Antipasti, Salaten, Fleisch, Fisch und hausgemachter Pasta und genießt grandiose Blicke auf das rege Treiben am Kreativkai. Innen: lange Theke mit stylischen Retro-Barhockern und maritimen, weißen Bauholzbänken.

Der „Hochstapler" ist unsere Empfehlung für die besten Süßkartoffelpommes der Stadt sowie kreative Burger und Drinks am Hafen. Im edlen Loungestil eingerichtet bietet die Burgerschmiede neben Cocktails auch ausgefallene Gin-Spezialitäten an. Und natürlich: bei guten Wetter tolle Sitzplätze am Wasser.

Ob für einen besonderen Cocktail, ein kühles Bier, die abwechselnde Küche italienisch, mexikanisch, französisch, mediterran – die Vielfalt ist grandios. Hier findet jeder etwas. Die Restaurants sind direkt von der Wasserseite, aber auch vom Hafenweg erreichbar. Schlendern Sie einfach entlang der Wasserkante und kehren Sie ein, wo es Ihnen am besten gefällt.

Im „Pasta e basta al porto" sind die hausgemachten italienischen Nudelspezialitäten legendär, dazu köstliche Salate, Fleisch- und Fischgerichte von der Tageskarte. Genießen Sie dolce Vita am Kai auf der großen Holzterrasse direkt am Wasser. Unser Tipp: Antipasti-Platte für 2 und dazu eine Flasche Hauswein.

Am Hafen gibt es fast alles, auf dem Kanal und im Hafenbecken regiert sie. Es erwartet Sie mit zahlreichen Events und Genussveranstaltungen das wohl bekannteste Partyboot Deutschlands: Die **MS Günther** 5 , benannt nach dem Fernsehmoderator Günther Jauch, schippert seit 2016 auf dem Dortmund-Ems-Kanal und bietet ein

ganz besonderes Ambiente. Hier im Hafen hat das Boot seinen Liegeplatz.

Lust auf ein köstliches Frühstück? Dann besuchen Sie die „Kaffee-gießerei" ganz in der Nähe am Hansaring. Das charmante Kaffeehaus rundet das Frühstück ab mit köstlichen Spezialitätenkaffees, wunderbaren Schokoladen, exzellenten Tees und hausgemachten Limonaden. Aber es gibt auch leckeren Kuchen und wunderbare Eintöpfe.

Von außen nicht gerade der „Hingucker" können Sie im „Töfte Köfte" beste türkische Küche genießen. Köstliche Köfte, Döner und Falafel in einer Seitenstraße des Hafenwegs gegenüber dem Ende des Hafenbeckens, dazu gibt es selbstgemachtes Brot und kostenlosen Tee aus einem großen Topf zur Selbstbedienung.

Nach der Entwicklung der Nordseite sind an der Hafensüdseite inzwischen auch repräsentative Neubauten entstanden. Neben dem **Wolfgang-Borchert-Theater** und der **Hafenkäserei** gibt es hier moderne Gewerbe- und Bürogebäude, z.T. noch in Planung. So wird hier ein 7-stöckiges Dockland-Haus entstehen, in das auch Münsters legendärer Club „Heaven" einziehen wird, der jahrelang am Kreativkai die Partyszene bestimmte und jetzt sein Interims-Domizil am Hawerkamp hat.

Außerordentlich gute Cocktails zu fairen Preise und auch noch „to go" gibt es in der „Watusi-Bar" in der Dortmunder Straße, in Richtung Hansaring. Unbedingt: Holen Sie sich einen „Caipi to go" und setzen Sie sich an die Wasserkante.

Am 07.12.2015 gewann der Münsteraner Psychologiestudent Leon Windscheid in der TV-Sendung „Wer wird Millionär?" 1 Million Euro. Damit hatte er das Startkapital für seinen Traum, ein Party-schiff, das er nach dem Moderator der Sendung, Günther Jauch, benennen wollte. Da konnte der Showmaster, in Münster geboren, natürlich nicht anders, als selbst als Taufpate die Schiffstaufe 6 am 10.9.2016 zu übernehmen.

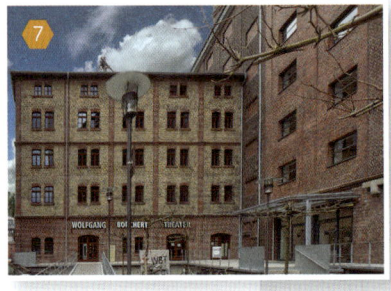

Seit Herbst 2014 hat das **Wolfgang Borchert-Theater** – WBT im renovierten Flechtheim-/Rhenus-Speicher am Mittelhafen seine neuen Räumlichkeiten. Das feste Ensemble ist nicht groß, aber das Interesse an seinen Aufführungen oft so gewaltig, dass es schwierig ist, Karten zu bekommen. Das Wolfgang Borchert-Theater wurde am 29.12.1956 gegründet und gehört zu den ältesten privaten Theatern in Deutschland. Der Schwerpunkt liegt seit einigen Jahren auf literarisch orientiertem Kammerspiel mit einem Mix aus eigenwilligen Klassiker-Inszenierungen und zeitgenössischen Stücken.

Mord in Münster
S. 114

 Mit dem Umbau der beiden Speicher Flechtheim- und Rhenus-Speicher begann der Strukturwandel auf der Hafen-Südseite. Der sog. Flechtheim-Speicher wurde um 1900 als Getreidespeicher von der Firma Flechtheim errichtet. Der Speicher gilt als hafentypisch und steht unter Denkmalschutz, da er als einer der wenigen noch existierenden historischen Industriebauten in Münster Beleg für die wirtschaftliche Entwicklung der Stadt zu Anfang des 20. Jahrhunderts ist. Der 8 Stockwerke umfassende Rhenus-Speicher wurde 1939 als Getreide-Silospeicher errichtet und schließt direkt an den Flechtheim-Speicher an.

 2 Jahre nachdem das Theater 1956 als „Theater im kleinen Raum" am Prinzipalmarkt eröffnet wurde, zog es mit der Künstlergemeinschaft „Die Schanze" in den Bahnhof um und nannte sich nun „Zimmertheater Münster". Die Umbenennung in WBT erfolgte zur Spielzeit 1982/83, im Jahr 1999 der Umzug in die Spielstätte in Münsters stillgelegten Stadthafen.

Im Sommer 2017 gab es für einige Wochen die Möglichkeit, über das Wasser zu gehen und so von der einen zur anderen Hafenseite zu gelangen. Zur **Skulpturenausstellung 2017** hatte die Künstlerin Ayse Erkmen hier als Kunstwerk unter dem Titel „**On Water**" ⑧ eine Brücke unter der Wasseroberfläche errichtet, und Scharen von Menschen pilgerten hierhin, um diesen Gang über's Wasser zu wagen. Dieser Unterwassersteg war eindeutig der spektakulärste Beitrag der Ausstellung.

Mord in Münster
S. 114

Alles Käse? In der Tat, in der **Hafenkäserei** ⑨⑩ gegenüber dem Kreativkai dreht sich alles um Bio-Käse und Craft Food. Mit ihren kreativen Bio-Rezepturen zeigt Molkereimeisterin Ann-Paulin Söbbeke, dass traditionelle Käse-Handwerkskunst auch ganz anders sein kann. Bei den Führungen und Events in der Bio-Schaukäserei wird detailliert gezeigt, woran man guten Käse erkennt, warum Käse fit macht und wie man aus derselben Milchsorte verschiedene Käsesorten herstellt.

Wir haben am liebsten den „Blauen Barbier" und den „Kleinen Korsar" vernascht. Lag es gar am Whisky- oder am Rotwein-Aroma?

Mord in
Münster
S. 114

*Die „Rote Lola"
ist Kult. Hier
im Schatten
des Cineplex-Kinos ist es
immer voll und es gibt die
beste Musik zum Mitsin-
gen. Hier trifft man sich
aber auch gern zur „WG-
Party" in Wohnzimmer-
Atmosphäre.*

Haben Sie vielleicht Lust auf einen Kinobe-
such, dann sollten Sie das „Cineplex" ⑪ an
der Westseite des Hafenbeckens ansteuern.
Mit seinen Leuchtbuchstaben ist das große
Gebäude nicht zu übersehen. In den 9
Kinosälen mit insgesamt über 2.700 Sitzplätzen laufen die Blockbuster und alles,
was in der Filmszene angesagt ist.

Das Messe- und Congress Centrum **Halle
Münsterland** ⑫ links neben dem Cineplex
ist gleichzeitig das größte Veranstaltungs-
zentrum der Region. In der größten Halle
finden bei Großveranstaltungen bis zu
11.000 Personen Platz. Für Musik- und
Theaterveranstaltungen, Sport, Messen
und Kongresse sowie festliche Bälle gibt es
weitere kleinere Säle.

*1965 ließen es hier die Rolling Stones
bei ihrem allerersten Deutschland-
Konzert so richtig krachen und zogen
über 10.000 Besucher in ihren Bann. Die
Münsteraner waren im Vorfeld schon sehr
angespannt, niemand wusste, was die „lang-
haarigen Affen" da wohl anstellen würden.
Aber es blieb ganz ruhig, lediglich ein paar
Stühle wurden zerdeppert. Das Konzert war
eine Sensation, es soll zeitweise ein solches
Gekreische geherrscht haben, dass die Musik
kaum mehr zu hören war.*

 Die „Halle Münsterland" wurde 1926 gegründet. Nach anfangs vor allem landwirtschaftlichen Veranstaltungen zog es schnell auch Sport- und Karnevalsfeste in die Halle. Erste Großveranstaltung war 1930 der Deutsche Katholikentag mit rund 30.000 Teilnehmern. Im Dritten Reich dominierten hier politische Kundgebungen und im 2. Weltkrieg diente sie militärischen Zwecken – als Verladestation für Waffen und Fahrzeuge, Pferdelazarett, Ersatzverpflegungsamt und Heeresstandortverwaltung. Veranstaltungen fanden während des Krieges nicht statt. 1941 wurden durch Bombenangriffe sämtliche Gebäude völlig zerstört, aber schon unmittelbar nach dem Krieg schnell wiederaufgebaut. Die Landwirtschaft brauchte einen Ort für ihre Märkte, um die Bevölkerung mit Nahrungsmitteln versorgen zu können. Seit den 1950er Jahren wurden die Hallengebäude immer wieder umgestaltet und erweitert.

Jovel ist es hier in der **Jovel Music Hall** neben der Halle Münsterland. Jovel heißt in Münster nichts anderes als „gut" oder „prima". Der Begriff stammt aus der gar nicht mehr so geheimen Geheimsprache der Münsteraner *„Masematte"* (-> S. 10) mit rund 500 Vokabeln. Auch wenn der Name lokal geprägt ist, überregional bekannt sind die Konzerte sowie Clubveranstaltungen dort. Dieser legendäre Club, von den Münsteranern einfach „Jovel" genannt, bietet für bis zu 1.500 Personen Partys und Live-Veranstaltungen, die weit über Münster ausstrahlen. Udo Lindenberg, BAP, Die Fantastischen Vier, Bob Geldorf, Marius Müller-Westernhagen, Miles Davis sowie die Lokalmatadore H-Blockx sind nur einige der Künstler, die hier aufgetreten sind.

Gegründet wurde das „Jovel" Ende 1979 von Steffi Stephan, Mitglied und Mitbegründer des Panikorchesters und Bassist bei Udo Lindenberg, in einem ehemaligen Kino. 1987 zog es in die einstige Germania-Brauerei um. 2006 wurde es dort geschlossen und 2 Jahre lang gastierte der Club an verschiedenen Orten Münsters. Seit 2008 befindet sich das Jovel in dem denkmalgeschützten Gebäude eines ehemaligen Autohauses.

Mord in
Münster
S. 114

Es ist schon sehr ungewöhnlich, dass eine Stadt der Größe Münsters solch eine künstlerische und musikalische Szene hat. Daher wurde auch der Hawerkamp als einer der kulturellen Schwerpunkte neben dem Prinzipalmarkt und dem Picasso-Museum bei der Bewerbung Münsters zur Kulturhauptstadt Europas 2010 aufgeführt.

Wenn Sie der Straße zwischen der Halle Münsterland und dem **Jovel** folgen, erreichen Sie den **Hawerkamp** ⑭. Für die alternative Kunst- und Kulturszene ist der Hawerkamp das Szeneviertel schlechthin. Jährlich tauchen rund 120.000 Besucher hier in einen originellen Mix aus Kunst, Kultur, Party- und Music-Locations, Kleinbetrieben, altem Industrie-Ambiente und Chill-Atmosphäre ein. Seit den 1990er Jahren bestimmen abwechslungsreiche Partys und andere kulturelle Highlights das Geschehen auf diesem ehemaligen Werksgelände einer Betonfirma mit seinen alten Gebäuden und Schienensträngen. Neben den zahlreichen Musikveranstaltungen in den verschiedenen Clubs Sputnikhalle, Café Sputnik, Triptychon, Favela, Fusion, Conny Kramer und Kcm/Livas ziehen vor allem das jährlich stattfindende Hawerkamp-Festival und die „Offenen Ateliers" der über 30 Künstler die Besucher an. Außerdem finden hier regelmäßig das **Docklands Festival** und in unmittelbarer Nachbarschaft das **Vainstream Rockfest** statt (-> S. 102).

Ob mit dem Rad, dem Auto oder dem Bus – auch etwas weiter draußen gibt es idyllisch gelegene Plätze, wo Sie die Seele baumeln lassen können.

1. Auf den Spuren der Droste

1.1 Burg Hülshoff
Die Wasserburg Hülshoff liegt in Havixbeck ca. 10 km westlich von Münster. Die Geschichte des Geburtshauses der Dichterin Annette von Droste-Hülshoff (1797-1848) reicht bis ins 14. Jahrhundert zurück. Um 1545 entstand die jetzige L-förmige Anlage im Stil der Frührenaissance, mit einem idyllischen, gepflegten Park und umgeben von einer großen Gräftenanlage. Heute befindet sich in der typisch westfälischen Wasserburg u.a. ein Museum, das einen Einblick in das Leben der Dichterin und des Adels jener Zeit eröffnet.

Geöffnet: Burgcafé, Burgrestaurant, Museum und Park von Burg Hülshoff sind von März bis November geöffnet.

Adresse: Schonebeck 6, Havixbeck

1.2. Haus Rüschhaus
In seiner Mischung aus Bauernhaus und Herrensitz gilt das Haus Rüschhaus in Münster-Nienberge architektonisch als Besonderheit. Mit dem wie ein bäuerlicher Gräftenhof gestalteten Anwesen ist dem Barockbaumeister Schlaun eine Synthese aus westfälischem Bauernhof und anspruchsvollem Landsitz gelungen. Das Haus wurde 1745 bis 1748 von Schlaun als Landsitz seiner Familie erbaut und 1825 vom Vater der Annette von Droste Hülshoff erworben. 1 Jahr später zog die Dichterin mit Mutter und Schwester in das nur etwa 5 km von ihrem Geburtshaus Hülshoff entfernte Rüschhaus ein. Ihr Wohnzimmer nannte sie „Schneckenhäuschen". Hier entstand u.a. ihr bekanntestes Werk „**Die Judenbuche**". Die Ausstattung aus dem 18. und 19. Jahrhundert ist zum größten Teil erhalten geblieben. Seinen eigenen Reiz besitzt auch der heute nach den Plänen Schlauns rekonstruierter Barockgarten.

Geöffnet: März bis November Bis auf den Garten Besichtigung nur im Rahmen von Führungen

Adresse:
Am Rüschhaus 81, Münster

Seit 2012 verwaltet die Annette von Droste zu Hülshoff-Stiftung
die Burg Hülshoff mit dem Museum sowie das Haus Rüschhaus.
Zur Zeit entsteht hier ein gemeinsames **Droste-Kulturzentrum**
mit einer multifunktionalen Veranstaltungs-, Ausstellungs- und
Kommunikationsstätte. Dabei soll auch der „**Lyrikweg**" – der
Verbindungsweg zwischen Burg Hülshoff und Haus Rüschhaus
– zu einer interaktiven und erlebbaren „Droste-Landschaft"
ausgebaut werden.

2. Werse

Der kleine, beschauliche Fluss Werse schlän-
gelt sich durch einige Ortsteile von Münster
und lädt zu ausgedehnten Spaziergängen und
Radtouren entlang des Wassers ein. Im Frühling und im Sommer ist es besonders schön,
mit einem Tretboot oder Kanu die Werse zu
erkunden. Oder machen Sie es sich gemütlich.

Packen Sie sich einen Picknickkorb, setzen sich
an die Werse und mit etwas Glück können
Sie auch seltene Tiere, wie z.B. den Eisvogel,
beobachten. Außerdem gibt es entlang des
Flusses einige Ausflugslokale, in denen Sie sich
nach langen Spaziergängen stärken können.
Für alle sportlichen Aktivitäten ist die Pleistermühle, 9 km östlich von der Innenstadt, mit Bootsanleger ein
perfekter Startpunkt.

Geöffnet: Bootsverleih: April/Mai – September/Oktober
Ausflugslokal: „Pleistermühle", Pleistermühlenweg 196,
Landgasthof und Hotel mit Restaurant, Café, Biergarten,
Kanuverleih, Minigolf

3. Rieselfelder

In dem Europareservat Rieselfelder, ca. 6 km nördlich vom
Zentrum, können Sie spazieren gehen und seltene Vogelarten
beobachten. Dieses Feuchtgebiet bietet Idylle pur und Ausflügler
finden hier ein Mosaik aus Flachwasser- und Röhrichtberei-
chen und Obstbaumalleen. Vor allem treffen sie auf Vögel der
unterschiedlichsten Arten, die in dem gut 230 ha großen Gebiet
ein Zuhause gefunden haben. Dieses Naturparadies ist jedoch
keineswegs natürlich, sondern von Menschenhand geschaffen.
Vor gut 100 Jahren begann die Stadt nämlich hier, zwischen Ems
und Aa, ihre Abwässer durch Verrieselung zu reinigen, sie also

nach einer mechanischen Vorreinigung kontrolliert im Boden versickern zu lassen. Als Nebeneffekt entstand eine Seenplatte mit über 130 Teichen, die heute als Rast- und Mauserplatz für Zugvögel dient. Starten Sie Ihren Spaziergang durch die Rieselfelder an der Biologischen Station. Hier erhalten Sie Infomaterial und können sich im Ausstellungsraum vorab über den Lebensraum Rieselfelder informieren. Im Außenbereich der Biologischen Station beginnt zudem der Naturlehrpfad, der in die unterschiedlichen Reservatslebensräume und ihre ökologischen Zusammenhänge einführt.

Biologische Station, Coermühle 181, Tel. 0251-16 17 60, info@rieselfelder-muenster.de,
Büro: montags bis donnerstags 8:15-16:15, freitags 8:00-15:00 Uhr
Ausflugslokal: Gaststätte „Heidekrug", ein über 100 Jahre altes
rustikales Bauerncafé mit westfälischer Küche und Terrasse

Boniburg/Haus Dyckburg/Gut Havichhorst
Wenn Sie Lust auf eine schöne Radtour haben, empfehlen wir, entlang der Werse von der Pleistermühle nördlich nach Gelmer und die Rieselfelder zu fahren. Dort erreichen Sie den Boniburger Wald, Haus Dyckburg und Gut Havichhorst.

Das Naherholungsgebiet **Boniburger Wald** befindet sich ca. 6 km nordöstlich von der Innenstadt. Mit seinem gut ausgebauten Wanderwegenetz lädt er zu erlebnisreichen Spaziergängen ein. Der Name Boniburger Wald geht auf das Schloss Boniburg zurück, das hier bis 1970 stand. Den Eingang der Anlage bildet ein repräsentatives Tor. Ein Waldlehrpfad informiert über die heimischen Bäume und die Tier- und Pflanzenwelt des Gebietes.

Am Boniburger Wald liegt westlich die **Wasserburg Dyckburg**. Auf dem ehemaligen Burggelände von 1400 errichtete der Barockbaumeister Schlaun einen Herrensitz mit einer Kapelle. Diese kleine, wunderschöne **Loretokapelle** bildet noch heute den Eingangstrakt der Kirche Mariä Himmelfahrt.

Von hier aus knapp 4 km nördlich liegt das **Gut Havichhorst**, eine der ältesten bekannten Hofstellen im Münsterland. Hier befinden sich ein Tagungszentrum sowie der moderne Komplex der Westfälischen Reit- und Fahrschule Münster mit großem Trainingsgelände.

Stadtgeschichte

793 Offizielles Gründungsjahr: Im Auftrag Karls des Großen gründet der friesische Geistliche Liudger bei der sächsischen Siedlung Mimigernaford ein Kloster.

805 Münster wird Bistum und Liudger der erste Bischof.

UM 850 Fertigstellung des ersten Doms.

1040 Gründung von Kirche und Frauenkloster Liebfrauen-Überwasser.

UM 1050 Erster Kirchenbau der Lambertikirche. gestiftet von den Kaufleuten.

1068 Erstmals erscheint mit „Monasterium" ein neuer Name für die Stadt.

1090 Weihe des neuen Doms.

1121 Brandkatastrophe im Zusammenhang mit der Belagerung Münsters durch Herzog Lothar von Sachsen. Auch der Dom brennt nieder.

1169 BIS ETWA 1187 Mit dem Wiederaufbau der Stadt wird eine äußere 8-10m hohe und über 4 km lange Stadtmauer (ihr Verlauf entspricht in etwa der heutigen Promenade) um die Marktsiedlungen gebaut.

1340 Neubau der Liebfrauenkirche westlich der Domburg, nachdem beide Vorgängerbauten komplett zerstört worden waren. Da sie auf der gegenüberliegenden Seite der Aa liegt („Über den Wassern"), trägt sie auch den Namen Überwasserkirche.

1368 Münster wird Mitglied der Hanse.

AB 1375 Größerer Neubau der Marktkirche St. Lamberti und Bau des Rathauses in direkter Sichtlinie zum Dom, was die Eigenständigkeit der Stadt gegenüber dem Bischof demonstrieren sollte.

1443/45 Verwicklung Münsters in die Soester Fehde.

1450 BIS 1457 Münsterische Stiftsfehde; die Gilden erstreiten neben den Erbmännern ein Mitwirkungsrecht am Stadtregiment.

1530 Beginn der Reformation in der Stadt: Bernhard Rothmann predigt im Geiste Martin Luthers.

1534/35 Massentaufen bei Erwachsenen, Taufunwillige müssen die Stadt verlassen. Die Täufer errichten ein Reich des Terrors: u.a. Bücherverbrennungen, Bilderstürme und Zerschlagung der ersten astronomischen Uhr im Dom. Einführung der Polygamie.

1535 Erstürmung der Stadt durch Bischof Franz von Waldeck. Die Anführer der Täufer, Jan van Leiden, Bernd Knipperdollinck und Bernd Krechting, werden zu Tode gefoltert und ihre Leichname in schmiedeeisernen Körben am Turm der Lambertikirche zur Schau gestellt. ▲ Entzug sämtlicher Rechte, u.a. die freie Ratswahl, Gerichtsbarkeit, Gesetzgebung und Steuererhebung, durch den Bischof.

1553 Die Stadt erhält die städtischen Freiheiten und Privilegien wieder zurück; sie erholt sich von den Wirren der Täuferherrschaft.

1618 bis 1648 Dreißigjähriger Krieg.

1641 Münster wird neutrale Kongressstadt, ab 1643/44 verhandeln die Vertreter der kriegführenden Mächte in der Stadt, in Münster die katholischen Gesandten, in Osnabrück die Gesandten der evangelischen Kriegsparteien.

1648 Der Dreißigjährige Krieg endet durch den in Münster und Osnabrück geschlossenen Westfälischen Frieden. Am 30.01. wird der spanisch-niederländische Friedensvertrag im Quartier der Niederländer, dem heutigen Haus der Niederlande, unterzeichnet. Am 15.05. wird in der Ratskammer des Rathauses, dem heutigen Friedenssaal, der spanisch-niederländische Frieden feierlich beschworen.

1661 Münster widersetzt sich Fürstbischof Christoph Bernhard von Galen (1606-1678) und wird daraufhin belagert und beschossen.

1757 Der fürstbischöfliche Barockbaumeister Johann Conrad Schlaun (1695-1773) vollendet den Erbdrostenhof, das prächtigste Adelspalais der Stadt.

1764 Minister Franz von Fürstenberg (1729-1810) lässt die Stadtmauern schleifen. Es entsteht eine Lindenallee rund um die Stadt: die Promenade, der Grüngürtel der heutigen Altstadt.

ab 1767 Nach Plänen von Johann Conrad Schlaun entsteht das letzte bedeutende Schloss des deutschen Barock. Wilhelm Ferdinand Lipper (1733-1800) vollendet die Innenausstattung im Stil des beginnenden Klassizismus.

1780 Die 1773 gegründete Landesuniversität nimmt mit 4 Fakultäten ihren Lehrbetrieb auf. 1818 erfolgt ihre Rückstufung zur Akademie.

1797 Geburt von Annette von Droste-Hülshoff († 1848), eine der bedeutendsten deutschen Dichterinnen, auf Burg Hülshoff.

1802 BIS 1813 Mehrmals muss Münster den Wechsel von Staatszugehörigkeit und Landesverfassung erdulden. 1802 besetzen preußische Truppen unter General Gebhard Leberecht von Blücher (1742-1819) die Stadt. 1803 wird das Fürstbistum Münster aufgelöst. Die napoleonische Zeit von 1805 bis 1813 ist gekennzeichnet durch Krieg, militärische Besetzung und Fremdherrschaft. Im November 1813 rücken erneut preußische Truppen in Münster ein.

1815 Der Wiener Kongress spricht Westfalen endgültig dem Königreich Preußen zu. Münster wird Hauptstadt der neuen Provinz Westfalen.

1835 Gründung des Vereins der Kaufmannschaft, der sich für die Weiterentwicklung und Attraktivität der Stadt einsetzt.

1848 Start der ersten Eisenbahn von Münster nach Hamm.

1875 Vergrößerung des Stadtgebiets durch die Eingemeindung von Teilen der Landgemeinden St. Lamberti, St. Mauritz und Überwasser. ▲ Eröffnung des Westfälischen Zoologischen Gartens, des 1. Tierparks Westfalens, gegründet durch den ehemaligen Priester und außerordentlichen Professor für Zoologie Hermann Landois (1835-1905).

1899 Einweihung des Hafens in Münster und die Fertigstellung des Dortmund-Ems-Kanals. ▲ Die erste „Kläranlage" der Stadt sorgt dafür, dass die Abwässer nicht mehr in die Aa fließen, sondern auf dem Gebiet der Rieselfelder verrieselt werden.

1901 Gründung der Stadtwerke Münster und Start der ersten 3 Straßenbahnlinien, die die Pferdewagen ablösen. ▲ Eröffnung des ersten Elektrizitätswerks der Stadt.

1902 Kaiser Wilhelm II. stiftet die Universität Münster und gibt ihr 1907 anlässlich seines Besuchs den Namen „Westfälische Wilhelms-Universität".

1908 Erstmalige Zulassung von Frauen zum Studium.

1915 Münster wird mit 100.000 Einwohnern Großstadt.

1920 Erster planmäßiger Luftverkehr von Münster nach Bremen am Flugplatz Loddenheide.

1924 Aufnahme des Sendebetriebs des Westdeutschen Rundfunks (WDR) unter dem Namen „Westdeutsche Funkstunde".

1926 Fertigstellung von Universitätsklinikum und Halle Münsterland.

1928 Beginn der Bauarbeiten für den Aasee.

1933 Machtübernahme durch die Nationalsozialisten, Münster wird Sitz des NSDAP-Gaues Westfalen-Nord, Beginn antisemitischer Aktionen.

AB 1938 Nationalsozialisten brennen die Synagoge an der Klosterstraße nieder und demolieren Wohnungen und Geschäfte jüdischer Mitbürger.

1940 Villa ten Hompel wird Sitz der Ordnungspolizei, die die Deportationen in die Konzentrations- und Vernichtungslager organisiert.

1941 Bischof Clemens August von Galen, der „Löwe von Münster", hält seine Predigten u.a. gegen das Euthanasieprogramm. Die Nationalsozialisten wagen es nicht, gegen ihn vorzugehen.

1943 Schwerster Bombenangriff auf die Stadt, fast 700 Menschen werden getötet.

1945 Besetzung der Stadt durch britische und amerikanische Truppen. Münster zählt zu den am schwersten getroffenen Großstädten. Der Stadtkern ist zu über 90 % zerstört, darunter der Dom, das Schloss und fast die gesamte Bebauung des Prinzipalmarkts.

1946 Wenige Wochen nach seiner Ernennung zum Kardinal durch Papst Pius XII. stirbt Clemens August von Galen an einem Blinddarmdurchbruch. 2005 wird er in Rom seliggesprochen.

1949 Der „Neuordnungsplan" für die zerstörte Altstadt sieht den Wiederaufbau in einem dem ehemaligen Münster nachempfundenen Stil vor.

1956 Feierliche Einweihung des wiederaufgebauten Doms. ▲ Eröffnung des neuen Stadttheaters, das gleichzeitig der erste Theaterneubau in Deutschland nach dem Krieg ist.

1958 Fertigstellung des Rathauses nach historischem Vorbild mit finanzieller Hilfe des Vereins der Kaufmannschaft.

AB 1959 Fortsetzung der mittelalterlichen Gildemahle der Kaufleute in Form des „Kramermahls" im Festsaal des Rathauses.

1961 Eröffnung des Freilichtmuseums Mühlenhof.

1963 Preußen Münster ist Gründungsmitglied der Bundesliga.

1965 Anschluss Münsters über die A 1 an das Autobahnnetz.

1972 Eröffnung des Flughafens Münster Osnabrück.

1975 Eingliederung von neun Umlandgemeinden und Anwachsen der Stadt auf 265.000 Einwohner. Auflösung des Kreises Münster, die Stadt Münster wird Rechtsnachfolger.

1977 Erste Ausstellung der alle 10 Jahre stattfindenden „Skulptur-Projekte". Die Ausstellung des „state of art" der Kunst im öffentlichen Raum prägt Münsters internationalen Ruf als Kunststadt.

1987 Papst Johannes Paul II. besucht Münster.

1990 Treffen von UdSSR-Außenminister Eduard Schewardnadse und Außenminister Hans-Dietrich Genscher im Rathaus zur Vorbereitung der „Zwei-plus-Vier-Treffen".

1992 1. Treffen der Wirtschaftsminister der G-7-Staaten mit ihren Kollegen aus den osteuropäischen Republiken im Rathaus.

1993 Feier des 1200-jährigen Stadtjubiläums. ▲ Fertigstellung des spektakulären Neubaus der Stadtbücherei.

1998 Münster ist Zentrum der Feierlichkeiten „350 Jahre Westfälischer Friede". Übergabe der Skulptur „Toleranz durch Dialog" des baskischen Künstler Eduardo Chillida (†2002) im Rathausinnenhof.

2000 Eröffnung des Picasso Museums in der Königsstraße.

2002 Beginn der Dreharbeiten des 1. Münster-Tatorts „Der dunkle Fleck" mit Axel Prahl und Jan-Josef Liefers auf dem Prinzipalmarkt.

2004 Auszeichnung mit dem LIVCom Award als lebenswerteste Stadt der Welt in der Kategorie 250.000 – 700.000 Einwohner. ▲ 61 l Regen pro Quadratmeter und 2100 Notrufe bei Polizei und Feuerwehr beim „Jahrhundert-Unwetter" im Süden und Osten Münsters standen hunderte Keller unter Wasser.

2005 Feier des 1200-jähriges Bestehens des Bistums Münster mit 50. 000 Katholiken. ▲ Schneechaos im Münsterland: Zwischen 30 und 50 cm Neuschnee innerhalb von 24 Stunden führen zum Zusammenbruch des ÖPNV in Münster.

2006 Schlagzeilen auch in der Weltpresse über die „amour fou" des schwarzen Trauerschwans Petra mit einem Schwanentretboot auf dem Aasee. ▲ Eröffnung der Münster-Arkaden.

2007 Zahlreiche Schäden durch der Orkan „Kyrill", auch an rund 1.500 Bäumen, u.a. an der Promenade vor dem Schloss.

2008 Ernennung des Essener Bischofs Dr. Felix Genn durch Papst Benedikt XIV. zum Bischof von Münster.

2009 Der Trauerschwan Petra hat den Aasee verlassen.

2010 Einweihung des Picassoplatzes.

2012 Umbenennung des Hindenburgplatzes in Schlossplatz.

2014 Neueröffnung des Neubaus des LWL-Museums für Kunst und Kultur nach mehrjähriger Bauzeit. ▲ 1. Frau als Türmerin auf dem Lamberti-Kirchturm im höchsten Dienstzimmer der Stadt. ▲ Ausnahmezustand durch sintflutartige Regenfälle mit 292 l Regen pro Quadratmeter binnen 7 Stunden ▲ Einwohnerentwicklung auf über 300 000.

2015 Auszeichnung des Rathauses als „Stätte des Westfälischen Friedens" mit dem Europäischen Kulturerbe-Siegel.

2016 Absage des Rosenmontagszugs wegen angekündigter aber nicht eingetretener schwerer Sturmböen mit Windstärken zwischen 8 und 9.

2017 Die Skulptur.Projekte finden zum 5. Mal statt, erstmals wird auch performative Kunst gezeigt. ▲ Profanierung der Dominikanerkirche.

2018 Teilnahme Münsters am Gemeinschaftsprojekt „Frieden. Europa" im Europäischen Kulturerbejahr ECHY 2018. ▲ Tote und Verletzte durch die Amokfahrt eines Einzeltäters auf dem Platz am Kiepenkerl-Denkmal. ▲ 101. Deutscher Katholikentag in Münster. ▲ Installation des „Pendels" des Künstlers Gerhard Richter in der Dominikanerkirche.

Eventkalender

In Münster ist immer etwas los. Durch das ganze Jahr ziehen sich zahlreiche Veranstaltungen, die regelmäßig ein großes Publikum begeistern. Die wichtigsten, sich jährlich wiederholenden Veranstaltungen haben wir zusammengestellt, die Termine können sich allerdings hier und da leicht verschieben, z.B. wegen der Ferien oder auch anderer Veranstaltungen. Informieren Sie sich am besten kurz zuvor über das aktuelle Datum, z.B. über den Veranstaltungskalender der Stadt unter:
www.stadt-muenster.de/tourismus/veranstaltungen/veranstaltungs-kalender.html

Karneval: Münster ist Metropole des westfälischen Karnevals Eine lebendige und vielfältige Karnevalskultur prägt das Leben in der Stadt vom 11.11. bis Aschermittwoch. Höhepunkt ist der traditionelle Rosenmontagszug im *Februar/März*, der vor dem Schloss startet und sich quer durch die Innenstadt bewegt. Mit über 100 Wagen, Fußgruppen und Spielmannszügen aus Münster, dem Münsterland und aus den Niederlanden ist Münsters Rosenmontagszug einer der größten in Westfalen.

Send: 3 Mal im Jahr steht Münster ganz im Zeichen seines riesigen Volksfestes auf dem Schlossplatz: im Frühling (*April*), Sommer (*Juni*) und Herbst (*Oktober*). Auf der größten Kirmes des Münsterlandes präsentieren Schaustellerbetriebe aus ganz Deutschland Nostalgisches ebenso wie die allerneuesten Fahrgeschäfte. Dazu gibt es Zuckerwatte, Popcorn, Paradiesäpfel, Töpfe und vieles mehr.

Hansemahl: Anfang *Mai* wird an einem Samstag auf dem Prinzipalmarkt ein knapp 500 qm großer roter Teppich ausgelegt, auf dem eine 100m lange Festtafel steht; weiß geschürzte Kaufleute servieren höchstpersönlich westfälische Schnittchen und dazu gibt es Musik.

EVENTKALENDER

Skatenight: Von **Mai** bis **September** findet an jedem 1. und 3. Freitag des Monats die größte Skateveranstaltung des Münsterlands statt. Gestartet wird die gut 2-stündige Skaterparade am Schlossplatz.

Promenadenflohmarkt: Entlang der Promenade vom Schloss bis zum Aasee findet 5 Mal im Jahr der Flohmarkt statt, gestartet wird im **Mai**. Die Stände ziehen sich über die Promenade; es ist einer der größten Flohmärkte unter freiem Himmel in Europa. Ein Highlight ist der Nachtflohmarkt, der 1 Mal im Sommer freitagabends beginnt und Nachtschwärmern bei Kerzenschein ermöglicht, auf Schnäppchenjagd zu gehen.

Grünflächenunterhaltung: Die „Grünflächenunterhaltung" an der Promenade zieht an 2 Samstagen im **Juni** ca. 150 Musizierende zu einem großen Freiluftkonzert an. Es gibt einen farbenprächtigen Strauß bunter Musik ohne Strom und Verstärker – eine Mischung aus Jazz, Reggae, Soul, Folk und Pop. Damit wollen die Münsteraner ihrer Promenade einen Liebesbeweis erbringen, so sagen sie. Aber es geht auch die Mär, dass sie mit ihrer Musik das Wachstum der Pflanzen anregen wollen.

Vainstream: Das Vainstream Rockfest gibt es seit 2006. Das Musikfestival findet am letzten **Juni**- oder ersten **Juli**wochenende statt. Auf dem Festival treten in erster Linie Bands aus dem Bereich Metal, Punk, Hardcore Punk und verwandten Stilrichtungen auf.

Docklands: Über 100 nationale und internationale Stars der elektronischen Musikszene heizen hier seit 2009 im **Juni** auf dem 24-stündigen Day- and Night-Festival die Stimmung ein.

Hafenfest: Im Mai/Juni wird das Hafenareal eine riesige Schaubühne mit über 100 Programmpunkten: viel Musik, kulinarische Genüsse, kurzweiliges Infotainment, sportliche Wasserwettkämpfe und kreatives Familienprogramm in einzigartiger Hafenatmosphäre. Absage der Veranstaltung für 2018.

Guter Montag: Alle 3 Jahre am 1. Montag im **Juni** wird seit 1683 die Befreiung Wiens durch Bäckergesellen aus der Westfalenmetropole gefeiert. Diesen Gildefeiertag begehen nur die Münsteraner. Nach einem Konzert und der Proklamation

der Majestäten ziehen anschließend die Bäcker und Konditoren in einem Festzug zum Bischöflichen Hof, wo sie vom Hausherrn begrüßt werden.

Straßenkünstler-Festival im Zoo: Im **Juni** unterhalten Künstlergruppen das Publikum im Allwetterzoo mit Musik, Theater, Comedy, Jonglage und Artistik. Und die Bären schauen zu.

Münster verwöhnt: Im **Juni/Juli** verwandelt sich der Schlossplatz in einen großen Gourmettempel. Spitzenrestaurants des Münsterlandes verwöhnen vor dem Schloss die Besucher mit kulinarischen Köstlichkeiten.

Große Prozession: Am 1. Sonntag im **Juli** steht Münster im Zeichen seiner Großen Prozession. Diese geht auf das Jahr 1382 zurück, als in Münster 8.000 Personen an der Pest starben und ein Großbrand weitere Stadtgebiete verwüstete. Seit dieser Zeit ziehen jährlich Gläubige in einer pfarrübergreifenden Buß- und Bittprozession durch die Altstadt, um Gott um Schutz vor noch mehr Unglück zu bitten.

AaSeerenaden: Am **ersten Sommerferien-Wochenende** wird der Aasee zur spektakulären Seebühne für ein 3-tägiges Musikfestival. Das Open Air Crossover Festival verbindet verschiedene Richtungen und Stile der Musik von Klassik bis zur populären Unterhaltung. Krönung ist ein großes Seefeuerwerk.

Sparda-Bank Sommernachtskino: Im **Juli** reißt Westfalens schönster Kinosaal seinen Vorhang auf: Das Freiluftkino vor dem Schloss öffnet seine Pforten.

Sparda-Münster City Triathlon: Im **Juli** dreht sich am Hafen alles um den Triathlon. Im Hafenbecken wird geschwommen, hier ist Start und Ziel beim Radfahren und Laufen. Über 1.200 aktive Sportbegeisterte machen bei diesem Sportevent mit.

Polopicknick: Ende **August** treffen sich internationale Spitzensportler und tausende begeisterte Picknicker zum Polopicknick am Hugerlandshofweg im Osten der Stadt. Tolle Atmosphäre, nette Menschen, schöne Pferde und spannender Sport stehen im

Mittelpunkt dieses bestbesuchten Poloturniers in Europa.

Schloss Classix: Im **August** finden die Open Air Orchesterkonzerte vor der bezaubernden Kulisse des Schlosses statt.

Münster mittendrin: Im **August** wird in Münster das Stadtfest gefeiert. Super Musik, ein vielfältiges Programm mit nationalen und internationalen Stars, attraktiven Künstlern aus der Region und Mitmach-Aktionen laden zum Feiern, Staunen, Mitmachen und Genießen ein.

Turnier der Sieger: Das große Reit- und Springturnier im **August** vor dem Schloss zählt zu den Top-Highlights im Turnierkalender der internationalen Reiter-Szene. Der Schlossplatz verwandelt sich in eine große Arena, in der sich die Reiter-Elite aus dem internationalen Dressur- und Springsport misst. Dazu gibt es ein buntes Rahmenprogramm.

Kreuzviertelfest: Im **August** pilgern nicht nur die Münsteraner zu einem der ältesten Straßenfeste in Münster rund um die Kreuzkirche.

Nachts im Zoo: Im **August** steht der Zoo im Zeichen von Tieren, Lichtern und Zauber. Illuminierte Wege und Anlagen sowie Musiker, Gaukler und Feuerjongleure sorgen für eine traumhafte Stimmung.

Schauraum: Am **ersten Septemberwochenende** feiert Münster seine facettenreiche Museums- und Galerienlandschaft. Münsters City wird zu einem besonderen Schauraum mit einem gut gemixten Cocktail aus Kunst, Kultur und

„dolce far niente". Höhepunkt ist die „**Nacht der Museen und Galerien**", wenn am Samstag Museen, Galerien und andere Ausstellungsorte bis 24:00 Uhr ihre Pforten öffnen.

EVENTKALENDER

Promikellnern: Im **September** erleben Sie Leonard Lansink alias TV-Detektiv Georg Wilsberg einmal nicht auf Verbrecherjagd auf der Leinwand, sondern dann schwingt er am Aasee live mit prominenter Unterstützung das Tablett zugunsten der Krebsberatungsstelle.

Volksbank-Münster-Marathon: Am **2. Sonntag im September** wird in Münster Marathon gelaufen. Dieser Lauf gehört zu den 10 teilnehmerstärksten Langstreckenläufen in Deutschland und geht durch die Innenstadt und rund um Münster. Besonders toll ist die Volksfeststimmung am Rand. Start ist am Schloss, Zieleinlauf am Prinzipalmarkt.

Bürgerbrunch: Am **3. Sonntag im September** treffen sich viele Münsteraner mit einem Picknickkorb an der Promenade vor dem Schloss. Dort stehen Tische mit Stühlen und frischen Brötchen, alles andere bringen sie selbst mit. Rund 1.500 Bürger machen hierbei jährlich mit. Der Erlös aus den ca. 200 reservierten Tischen fließt in Kinder- und Bürgerprojekte.

Sparkassen-Münsterland-Giro: Der **3. Oktober** ist im Münsterland traditionell ein Radsport-Feiertag. Am Tag der Deutschen Einheit steigt in Münster und den umliegenden Kreisen der Sparkassen Münsterland Giro, das größte Radrennen in NRW mit 4.500 Teilnehmern.

Weihnachtsmärkte: **Ab Montag vor dem 1. Advent** bis Heiligabend verwandelt sich Münster mit seinen 5 Weinachtsmärken in eine stimmungsvolle Weihnachtsstadt im Lichterglanz.

Museen: Licht an!

***Archäologisches Museum**,* Domplatz 20-22: Kunst und Kunsthandwerk antiker Kulturen des Mittelmeerraumes und des Vorderen Orients; wegen Umbau z.Zt. geschlossen, Neueröffnung voraussichtlich 2019; uni-muenster.de/ArchaeologischesMuseum

***Bibelmuseum**,* Pferdegasse 1: Geschichte der Bibel an Originalen von den Anfängen bis heute; wegen Umbau z.Zt. geschlossen; Neueröffnung 2018/2019; uni-muenster.de/Bibelmuseum

***Botanischer Garten im Schlossgarten**,* Schlossgarten 3: Wertvolle Pflanzensammlungen; Öffnungszeiten: täglich 8:00-19:00 Uhr (25.3.-15.10.), 9:00-16:00 Uhr (16.10.-24.3.); uni-muenster.de/BotanischerGarten

***Domkammer des St. Paulus-Doms**,* Horsteberg 7-9: Kunst und Kultur des Doms aus 12 Jahrhunderten; wegen Umbau z.Zt. geschlossen; domkammer-muenster.de

***Friedenssaal im Historischen Rathaus**,* Prinzipalmarkt 10: Stätte des Westfälischen Friedens mit wertvollen Schnitzereien, Öffnungszeiten: dienstags bis freitags 10:00-17:00 Uhr, samstags, sonntags, feiertags 10:00-16:00 Uhr; tourismus.muenster.de

***Geomuseum**,* Pferdegasse 3: Entstehung und Entwicklung der Erde; wegen Umbaus z.Zt. geschlossen; Neueröffnung in 2019; Öffnungszeiten voraussichtlich: dienstags bis sonntags 9:00-17:00 Uhr; uni-muenster.de/Geomuseum

***Geschichtsort Villa ten Hompel**,* Kaiser-Wilhelm-Ring 28: Stätte des Erinnerns, der Forschung und der historischen Bildung vor allem zur NS-Zeit; Öffnungszeiten: mittwochs und donnerstags 18:00-21:00, freitags, samstags, sonntags 14:00-17:00 Uhr; villatenhompel.de

***Heimatmuseum Kinderhaus**,* Kinderhaus 15: Vor- und Frühgeschichte aus Kinderhaus; Öffnungszeiten: sonntags 15:00-18:00 Uhr (Winter bis 17:00 Uhr), und nach Vereinbarung; heimatmuseum-kinderhaus.de

***Hiltruper Museum**,* Zur alten Feuerwache 26: Geschichte Hiltrups, Öffnungszeiten: sonntags 15:00-17:00 Uhr, jeden 1. Sonntag im Monat 11:00-12:30 Uhr; hiltruper-museum.de

***Kunstakademie Münster der Hochschule für bildende Künste**,* Leonardo-Campus 2: Zentrum zeitgenössischen Kunstschaffens in NRW, wechselnde Ausstellungen, Öffnungszeiten werden jeweils bekanntgegeben; kunstakademie-muenster.de

Kunsthalle Münster im Speicher II, Hafenweg 28: Forum für zeitgenössische Kunst; Öffnungszeiten: dienstags bis freitags 14:00-19:00, samstags, sonntags 12:00-18:00 Uhr; kunsthalle.muenster.de

Kunsthaus Kannen, Alexianerweg 9: Museum für Outsider Art und Art Brut, Öffnungszeiten: dienstags bis sonntags, feiertags 13:00-17:00 Uhr; kunsthaus-kannen.de

Kunstmuseum Pablo Picasso Münster, Picassoplatz 1: Werke Picassos und seiner Zeitgenossen; Öffnungszeiten dienstags bis sonntags, feiertags 10:00-18:00 Uhr; kunstmuseum-picasso-muenster.de

Lepramuseum Münster, Kinderhaus 15: Dokumentation der Versorgung der Leprakranken in Mittelalter und Neuzeit, Öffnungszeiten: sonntags 15:00-17:00 Uhr (Oktober bis März), 15:00-18:00 Uhr (April bis September); lepramuseum.de

LWL-Museum für Kunst und Kultur, Domplatz 10: 1000 Jahre Kunst und Kulturgeschichte, Öffnungszeiten: dienstags bis sonntags, feiertags 10:00-18:00 Uhr; am 2. Freitag im Monat bis 22:00 Uhr; lwl-museum-kunst-kultur.de

LWL-Museum für Naturkunde, Westfälisches Landesmuseum und Planetarium, Sentruper Straße 285: Öffnungszeiten: dienstags bis sonntags, feiertags 9:00-18:00 Uhr; lwl-naturkundemuseum-muenster.de

Mühlenhof Freilichtmuseum, Theo-Breider-Weg 1: Kultur und Geschichte der Region; Öffnungszeiten: dienstags bis sonntags 10:00-18:00 Uhr (März bis Oktober), samstags, sonntags 11:00-17:00 Uhr (November bis Februar); muehlenhof-muenster.org

Museum für Lackkunst, Windthorststraße 26: Objekte aus über 2 Jahrtausenden aus Ostasien, Europa und der islamischen Welt; Öffnungszeiten: dienstags 12:00-20:00 Uhr, mittwochs bis sonntags 12:00-18:00 Uhr; museum-fuer-lackkunst.de

Museum Haus Rüschhaus, Am Rüschhaus 81: Stätte der Erinnerung an Annette von Droste Hülshoff; Öffnungszeiten nur für Führungen: dienstags bis sonntags (28.3.-30.4. und Oktober) 11:00, 12:00, 14:00, 15:00; Mai bis September 11:00, 12:00, 14:00, 15:00, 16:00 Uhr; haus-rueschhaus.de

Polizeigeschichtliche Sammlung in der Polizei-Führungsakademie, Zum Roten Berge 18-24: 100 Jahre Bildungsarbeit der Polizei, Öffnungszeiten: montags bis donnerstags 8:00-16:00, freitags 8:00-12:00 Uhr; dhpol.de/de/hochschule/Ausstellung/Ausstellung_2.php

MUSEUM FÜR
LACKKUNST
Eine Einrichtung der
BASF Coatings GmbH

BONBONNIERE

Die Bonbonniere gehört zu einer Gruppe
von Objekten aus den Werkstätten der Brüder
Martin: die so genannten Vernis Martin, die
mit flächendeckendem, in Ölfarben aufgebrachtem
farbdeckenden Dekor die französische Malerei
des Rokoko im Miniaturformat wiedergeben.
Sie zeigt eine mythologische Szene nach einer
unbekannten Gemäldevorlage.

Papiermaché mit Schwarzlackbeschichtung
und Dekor in Ölfarben, abschließend mit Klarlack
überfangen; Montierung aus zweifarbigem
Gold; Futter aus Schildpatt; Frankreich (Paris),
Mitte 18. Jahrhundert

MUSEUM FÜR LACKKUNST

Windthorststraße 26
48143 Münster | Deutschland
Telefon: +49.251.41851-0

ÖFFNUNGSZEITEN

Dienstags (freier Eintritt) 12–20 Uhr,
mittwochs bis sonntags und an
gesetzlichen Feiertagen 12–18 Uhr

www.facebook.com/Museum.fuer.Lackkunst

Nähere Infos zu
unseren wechselnden
Ausstellungen finden
Sie auf unserer
Webseite

Porzellanmuseum Münster, Neutor 2: 150 Jahre Porzellanmalereien in Münster, Öffnungszeiten: montags bis freitags 10:00-12:30 Uhr, und nach Vereinbarung; stadtheimatbund-muenster.de

Schaustelle Kanal, Dingstiege 2: Bau- und Kulturgeschichte des Dortmund-Ems-Kanals und der Binnenschifffahrt, Öffnungszeiten: April bis Oktober. dienstags bis donnerstags 15:00-18:00, freitags bis sonntags, feiertags 14:00-18:00 Uhr; wsa-rheine.wsv.de/service/schaustelle_kanal

Stadtmuseum Münster, Salzstraße 28: Geschichte Münsters von den Anfängen bis zur Gegenwart, Öffnungszeiten: dienstags bis freitags 10:00-18:00; samstags, sonntags, feiertags 11:00-18:00 Uhr; stadtmuseum-muenster.de

Torhausgalerie des Stadtheimatbundes, Neutor 2: Münsterbezogene Wechselausstellungen, Öffnungszeiten: montags bis freitags 10:00-12:30 Uhr und nach Vereinbarung; stadtheimatbund-muenster.de

Westfälischer Kunstverein, Rothenburg 30: Präsentation und Vermittlung junger, zeitgenössischer Kunst, Öffnungszeiten: dienstags bis sonntags 11:00-19:00 Uhr westfaelischer-kunstverein.de

Westfälisches Pferdemuseum im Allwetterzoo, Sentruper Straße 311: Öffnungszeiten: täglich April bis September 9:00-18:00, Oktober und März 9:00-17:00, November bis Februar 9:00-16:00, Heiligabend und Silvester 9:00-12:00 Uhr; pferdemuseum.de

Wewerka-Pavillon, Kardinal-von-Galen-Ring/Annette-Allee/Aasee-Uferweg: Ausstellungsproduktion für die Kunstakademie, Besichtigung von außen rund um die Uhr; wewerka-pavillon.de

Zwinger, Promenade im Bereich Lotharingerstraße: Mahnmal für die Opfer der Gewalt, Öffnungszeiten: Juni bis September sonntags 14:00-18:00 Uhr; muenster.de/stadt/museum/zwinger.html

Theater: Vorhang auf!

Theater Münster, Neubrückenstraße: Fünfspartentheater für Musiktheater, Schauspiel, Tanztheater, Konzert und Junges Theater; theater-muenster.com

Wolfgang Borchert Theater, Am Mittelhafen 10: Eines der ältesten Privat-Theater Deutschlands mit Schwerpunkt auf literarisch orientiertem Kammerspiel mit einem Mix aus eigenwilligen

Klassiker-Inszenierungen und zeitgenössischen Stücken. wolfgang-borchert-theater.de

Theater im Pumpenhaus, Gartenstraße 123: Unabhängiges Theater mit freien Produktionen auf professionellem Niveau in ehemaligem Abwasserpumpwerk. Hotspot für aufregende Avantgarde - insbesondere für die des modernen Tanzes und Theaters, der Oper und Neuen Medien; pumpenhaus.de

GOP Varieté-Theater, Bahnhofstraße 20-22: Spektakuläre Shows mit internationalen Spitzen-Artisten, mitreißende Comedy und magische Momente - und dazu kulinarische Köstlichkeiten; variete.de/de/spielorte/muenster/muenster.html

Boulevard Münster, Königsstraße 12-14: Kleines Theater mit 10 Reihen in ansteigendem, rotem Parkett sowie einer Bar. Beste Unterhaltung von der eleganten Komödie bis zu spritzigen Humoreske. boulevard-muenster.de

Charivari-Puppentheater, Körnerstraße 3: Klassische und moderne Puppenspiele für Kinder und Erwachsene. charivari-theater.de

Freuynde und Gaesdte: Münsters einziges Locationtheater bespielt vom Aasee bis zur Kuhviertel-Kneipe die außergewöhnlichsten Aufführungsorte mit Stoffen aus der klassischen Literatur und von Klassikern der Moderne sowie mit selbst geschriebenen Stücken. f-und-g.de

Kinos: Film ab!

Cineplex, Albersloher Weg 14: Modernes Kino mit 9 Kinosälen und Platz für über 2.700 Filmbesucher zeigt aktuelle Blockbuster und Neuerscheinungen und alles, was angesagt ist. Außerdem treten hier Ehrengäste aus der Filmbranche auf. cineplex.de

Schlosstheater, Melchersstraße 81/Kanonierplatz: Das traditionelle Schlosstheater mit seinen 3 Kinosälen und 440 Sitzplätzen zeigt anspruchsvolle und unterhaltsame europäische Filme,

Cinema und Kurbelkiste, Warendorfer Straße 45-47: Das kleine Kino mit 3 Kinosälen zeigt in erster Linie gesellschaftlich, politisch, künstlerisch und historisch relevante Filme. Mit zahlreichen Auszeichnungen zählt es bundesweit zu den 5 höchstprämierten Filmtheatern; cinema-muenster.de

Krimi Special: Mord in Münster

Münster ist Krimi-Stadt (-> S. 7f). Glaubt man den TV-Machern wird hier für eine Stadt mit ca. 310.000 Einwohnern reichlich oft gemordet. Dann fährt Buchantiquar/ Privatdetektiv Wilsberg in der gleichnamigen Krimiserie auf Mörderjagd wieder mit seinem Fahrrad oder mit Ekkis Auto in verbotener Richtung über den Prinzipalmarkt, um zu ermitteln oder Professor Boerne und Kommissar Thiel brausen im Münster-Tatort mit dem Auto über den Syndikatsplatz, was im wahren Leben natürlich verboten ist.

Der ARD-Tatort ist mit rund 10 Mio. Zuschauern die erfolgreichste Tatort-Produktion. Eigentlich finden recht wenig Morde ist Münster statt. Für die bisher ausgestrahlten Fälle des Kommissars und seines Teams würden sie wohl nicht ausreichen.

Insgesamt 93 Krimis aus Münster sind bislang gesendet worden und etliche sind auch bereits nicht nur 1 Mal wiederholt worden. Für „Wilsberg" ist für die Folgen 60 und 61 bereits wieder am Aasee und an „seinem Antiquariat", das wie immer von „Antiquariat Solder" in „Antiquariat Wilsberg" umbenannt wurde, gedreht worden.

Es gibt Führungen wie die Krimitour von k3, oder von Stadtlupe die sich auf den ARD-Tatort konzentrieren. Der Preis liegt um ca. 14 Euro pro Person für 2 Stunden, allerdings sollte man rechtzeitig reservieren, denn die Touren sind häufig im Voraus ausgebucht. Auch Touren mit Schwerpunkt Wilsberg gibt es, seltener zwar, dafür mit 8 Euro pro Person allerdings auch günstiger.

Die Titel der einzelnen Krimifolgen und das Jahr der Ausstrahlung:

Wilsberg-Folgen
1 Und die Toten lässt man ruhen - 1995
2 In alter Freundschaft - 1998
3 Wilsberg und die Tote im See - 1999
4 Wilsberg und der Mord ohne Leiche - 2001
5 Wilsberg und der Schuss im Morgengrauen - 2001
6 Wilsberg und der letzte Anruf - 2002
7 Wilsberg und der Tote im Beichtstuhl - 2002
8 Wilsberg und der stumme Zeuge - 2003
9 Letzter Ausweg Mord - 2003
10 Der Minister und das Mädchen - 2004
11 Tod einer Hostess - 2004
12 Tödliche Freundschaft - 2004
13 Schuld und Sünde - 2005
14 Todesengel - 2005
15 Ausgegraben - 2005
16 Callgirls - 2006
17 Falsches Spiel - 2006
18 Tod auf Rezept - 2006
19 Miss-Wahl - 2007
20 Die Wiedertäufer - 2007
21 Unter Anklage - 2007
22 Filmriss - 2008
23 Royal Flush - 2008
24 Interne Affären - 2008
25 Das Jubiläum - 2008
26 Der Mann am Fenster - 2009
27 Doktorspiele - 2009
28 Oh du Tödliche - 2009
29 Gefahr im Verzug - 2010
30 Bullenball - 2010
31 Frischfleisch - 2011
32 Tote Hose - 2011
33 Im Namen der Rosi - 2011
34 Aus Mangel an Beweisen - 2012
35 Die Bielefeld-Verschwörung -2012
36 Halbstark - 2012
37 Die Entführung - 2013
38 Treuetest - 2013
39 Gegen den Strom - 2013
40 Hengstparade - 2013
41 Nackt im Netz - 2014
42 Mundtot - 2014
43 Das Geld der Anderen - 2014
44 90-60-90 - 2014
45 Kein Weg zurück -2015

46 Russisches Roulette - 2015
47 Bauch, Beine, Po - 2015
48 48 Stunden - 2015
49 Bittere Pillen - 2015
50 Tod im Supermarkt - 2016
51 Mord und Beton - 2016
52 In Treu und Glauben - 2016
53 Der Betreuer - 2017
54 Die fünfte Gewalt - 2017
55 Straße der Tränen -2017
56 MünsterLeaks -2017
57 Alle Jahre wieder -2017
58 Morderney -2018
59 Prognose Mord - 2018
60 Gottes Werk und Satans Kohle

Dreharbeiten für Folge 60 und 61 während der Erstellung des Stadtführers 2018

Tatort-Folgen
1 Der dunkle Fleck - 2002
2 Fakten, Fakten - 2002
3 Dreimal schwarzer Kater - 2003
4 Sag nichts - 2003
5 Mörderspiele - 2004
6 Eine Leiche zu viel - 2004
7 Der Frauenflüsterer - 2005
8 Der doppelte Lott - 2005
9 Das ewig Böse - 2006
10 Das zweite Gesicht - 2006
11 Ruhe sanft! - 2007
12 Satisfaktion - 2007
13 Krumme Hunde - 2008
14 Wolfsstunde - 2008
15 Höllenfahrt - 2009
16 Tempelräuber - 2009
17 Der Fluch der Mumie - 2010
18 Spargelzeit - 2010
19 Herrenabend - 2011
20 Zwischen den Ohren - 2011
21 Hinkebein - 2012
22 Das Wunder von Wolbeck - 2012
23 Summ, Summ, Summ - 2013
24 Die chinesische Prinzessin - 2013
25 Der Hammer - 2014
26 Mord ist die beste Medizin - 2014
27 Erkläre Chimäre - 2015
28 Schwanensee - 2015
29 Ein Fuß kommt selten allein - 2016
30 Feierstunde - 2016
31 Fangschuss - 2017
32 Gott ist auch nur ein Mensch - 2017
33 Affentheater - 2018

Zum Aufspüren der einzelnen Tatorte finden Sie hier die auf unseren Rundgängen vorne markierten Drehorte, detailliert aufgelistet mit den Nummern der jeweiligen Krimi-Folge von Seite 113 dahinter. Hätten Sie das erkannt? Natürlich ist der Prinzipalmarkt dabei der beliebteste Drehort.

1. Prinzipalmarkt - **Wilsberg Orte/Folgen:** Im Rathaus/Friedenssaal: 5, 10, 20, 30 ● Lambertikirche/-Brunnen: 5, 7, 20, 4 ● Blumenstand Prinzipalmarkt: 20 ● Durchgang Rathaus: 9, 47 ● Stuhlmacher: 22, 38 ● Stadthaus 1 und Finanzamt: 30 ● Dom/Kreuzigungsgruppe/Galen-Statue: 7, 18 ● Fakes am Dom: Telefonzelle, Suppenküche, Imbissbude und Bushaltestelle. **Tatort Orte/Folgen:** Stadthaus 1: Pathologie Eingang ● Rathausinnenhof: 1 , 32 ● Brunnen an der Lambertii-Kirche: 2, 16 ● Prinzipalmarkt: 8 ● Maxi Turm: 23

2. Dom & Museumsviertel - **Wilsberg Orte/Folgen:** Geomuseum: 11 ● Bankhaus Lampe: 10 ● Marktcafé/Floyd 24 ● LWL-Museum/Gasse Priesterseminar Boromaeum: 10 ● Geisbergweg, Café Fyal: 24,27 ● Arkaden: 29, 32, 44 ● Fakes Kanzlei neben Bischöflichem Palais: 21 ● Sparda-Bank gegenüber Picasso-Museum wird Teutoburger Bank. **Tatort Orte/Folgen:** Bankhaus Lampe: 16 ● LWL-Museum: 24, 31 ● Arkaden: 14

3. Einkaufsmeilen - **Wilsberg Orte/Folgen:** Erbdrostenhof als Bank/Eventlocation: 3, 20, 32, 44 ● Gasthaus Leve als „Ratskeller" 16 ● Alter Steinweg 28, 47 Makler; Maklerbüro ist Juwelier ● Bunter Vogel: 18,28 **Tatort Orte/Folgen:** Erbdrostenhof: 29 ● Stubengasse/Raphaelsklinik: 25

4. Vom Kiepenkerl ins Kuhviertel - **Wilsberg Orte/Folgen:** Kiepenkerl: 12 ● Antiquariat Solder/Diözesanbibliothek. **Tatort Orte/Folgen:** Restaurant Kiepenkerl: 6 ● Aa- Seitenufer: 21 ● Diözesanbibliothek: 19, 21 ● Gaststätte Pinkulus wird „Kalinka" 8 ● Spiekerhof/Brücke: 27

5. Rund um den Aasee - **Wilsberg Orte/Folgen:** Ecke A2 Am Aasee: 42 ● Vor LBS: 4,11 ● Annette-Allee 17-19: 18 **Tatort Orte/Folgen:** Aasee: 4, 5, 28, 33

6. Promenade - **Wilsberg Orte/Folgen:** Stadttheater 29, 31 **Tatort Orte/Folgen:** Promenade: 12 ● Westerholtsche Wiese: 9

7. Schloss & Universität - **Wilsberg Orte/Folgen:** Fürstbischöfliches Schloss: Fake Café ● Botanischer Garten 2 ● Juridicum 18,22 **Tatort Orte/Folgen:** Schloss: 21, 30 ● Botanischer Garten: 26

8. Hafen & Hawerkamp - **Wilsberg Orte/Folgen:** Hafenmeile: 4, **Tatort Orte/Folgen:** Hafenkäserei: 22 ● Hafen: 17 ● Jovel: 23

Parkhäuser in Münster – immer „AppToDate"

WB/-Parkhäuser in Münsters City
WESTFÄLISCHE BAUINDUSTRIE GMBH

Freie Parkplätze mit dem Smartphone finden.

Rund um Münsters Innenstadt warten 8 Parkhäuser mit ca. 3.900 Parkplätzen auf Sie. Informieren Sie sich mit Ihrem Smartphone schnell und einfach über freie Stellplätze, Lage, Einfahrtshöhen, Parkentgelte und Öffnungszeiten.

freie Parkplätze anzeigen

Tel. 0251/ 97232-17, info@wbi-muenster.de, www.wbi-muenster.de

Kunst im öffentlichen Raum

Von Klaus Bußmann und Kasper König 1977 initiiert sind die *Skulptur-Projekte* zu einer der wichtigsten Ausstellungen für Kunst im öffentlichen Raum geworden. Bei freiem Eintritt lockte das Kunstereignis auch in 2017 zum 5ten Mal rund 100 Tage lang Besucher aus der ganzen Welt an. Bei den Rundgängen können Sie auch diverse andere Skulpturen im öffentlichen Raum Münsters besuchen.

Kirschensäule (Thomas Schütte): Es erhebt sich eine gedrechselte Sandsteinsäule aus den 3 Elementen Basis, Schaft und Kapitell, auf der ein leuchtend rotes Kirschenpaar sitzt. Der Künstler erläutert: „Ich möchte diesen Platz mit meiner Kirschensäule nur optisch garnieren."

Toleranz durch Dialog: NRW hat die Skulptur von Eduardo Chillida laut Presse zum Preis von 2.380.000 Euro erworben. Die letzte Rate wird am 31.12.2020 fällig. Ab dann gehört das Kunstwerk komplett dem Land.

Drei Irrlichter: Lothar Baumgarten schuf seine Installation 1987 in den Käfigen am Lambertikirchturm. Sie setzt sich mit dem grausamen Kapitel der der Täuferherrschaft auseinander.

Kunst-Toilette: Kunst als ironisch perfekte Dienstleistung. Hans-Peter Feldmann lässt die marode Toilette 2007" entkernen und renovieren. Hernach erinnert nichts mehr an die Tristesse eines übel riechenden Urinals. Der Ort des sozialen Abstiegs hat sich zur Oase gemausert.

Erschütterung der Fragmente: Der Adler im Original entstand 1935 am Gebäude des Lufttransportkommandos im Osten der Stadt Nach dem 2. Weltkrieg wurde das Hakenkreuz entfernt, der Adler ansonsten aber so belassen und im April 2018 frisch restauriert.

Überfrau: Für den Neubau der Stadtbücherei erhielt der Künstler den Auftrag die Skulptur - als Kunst am Bau - zu gestalten. Sie ist eine 8m hohe, gerüstähnliche Frauenfigur. Sie soll Weisheit und Freiheit darstellen.

Die Taten des Herakles: 1973 für die Dachterrasse des Neubaus West-LB geschaffen und dort montiert, sind sie heute hinter dem Gebäude zur Aa hin zu sehen, wo sie in ihrer Vielgliedrigkeit und in ihrer bizarren Formensprache einen reizvollen Kontrast zu den nebenan platzierten Large Vertebrae bilden.

Large Vertebrae: Moore sah die Plastik als eine Kunst des Freiraums an, die Tageslicht braucht und am besten in der freien Landschaft zur Geltung kommt. Die 3 Teile der Bronzeplastik, die nah, aber doch unverbunden nebeneinander stehen, vermitteln in ihrer harmonischen Glätte den Eindruck, von der Natur selbst geformt zu sein.

Wasserskulptur: Kunstwerk und Erfrischender Brunnen in einem Objekt ist die 16,5 m hohe Stele aus Corten-Stahl. Lamellenreihen bilden einen Widerpart gegen das von oben hinabstürzende Wasser, das von ihnen abgebremst und abgelenkt wird. Ein Gischtschleier entsteht und umhüllt die Skulptur.

Giant Poolballs: Ursprünglich hatte der amerikanische Pop-Art-Künstler Claes Oldenburg 16 „Giant Pool Balls" für die Skulptur-Projekte 1977 geplant – verteilt über die gesamte Innenstadt. Weil dafür das Geld nicht reichte, blieb es bei den 3 Kugeln, die regelmäßig als Grafitti-Leinwand herhalten müssen.

Pier von Jorge Pardo: Er führt ohne Geländer zu einer sechseckigen Aussichtsplattform mit einem offenen Pavillon, von dem Stufen herabführen zum See. Die Architektur soll an japanische Pavillons sowie an die von Frank Lloyd Wright fortgeführte Tradition des Bauhauses erinnern.

Reading the Words... : Die horizontalen Querstreben der Metallkonstruktion in 13m Höhe ergeben ein ovales Schriftfeld, auf dem kaum sichtbare Buchstaben einen Text ergeben.

Das verlorene Spiegelbild: Susan Philipsz kurvte auf der Leeze durch die Stadt – auf der Suche nach Inspiration und dem Ort. Schöne Nacht, du Liebesnacht, o stille mein Verlangen . . .", lautet der Text der Barcarole den Sie selbst als Schulmädchen lernte und hier nun am Aasee singt.

Weniger wil als andere: Wie grüne Monolithe, 7m lang, 3,5m tief, 4m hoch, exakt beschnitten, als seien es Skulpturen aus Holz und Stein, stehen die beiden Blöcke aus Eibe am Ufer. Der exakte Formschnitt macht wildes Wachstum unmöglich.

2 konzentrische Ringe aus Beton: D. Judd hat den Aasee und sein Ufer mathematisch gesehen und als reine Form danebengesetzt. Judd definiert Münsters Naherholungszone als 2 Kreise, die analog zu See und Ufer abgewinkelt sind. Sie sind das „topologisches Regulativ"der Natur.

Buddenturm: 1987 wurde der letzte noch existierende Rest der Stadtmauer von der Künstlerin Susana Solano auf der Westseite des Turms permanent in eine massive Stahlkonstruktion eingefasst.

Raum Zeit Plastik: Einer der 1. international beachteten Aufträge, die Norbert Kricke erhielt. 2 dünne Eisenrohre scheinen wie mit einer lässigen Handbewegung zusammengelegt zu einer losen Schlaufe - mal streng parallel laufend, mal sich gegeneinander aufbiegend. So „schweben" sie seit 1955/56 vor dem offenen Winkel.

Gegenläufiges Konzert: 42 mechanische Hämmer, 40 Grablichter, eine mechanische Schlangenskulptur aus 2 beweglichen Stahlarmen, die bei Berührung einen Funkenschlag auslösen, ein von 2 Eisenstangen fixiertes Gänseei. Innenhof: Stahlgerüst mit Glastrichter, in den Boden eingelassenes Wasserbassin. Eine komplexe Skulptur.

Paul Wulf: Der Freundeskreis „Paul Wulf" sammelte 35 000 Euro und schenkte die Skulptur der münsterischen Stadtgesellschaft. Er wird seitdem jeden Monat neu beklebt, inzwischen mit einer „Paul Wulf"- Spezialmischung, die der Witterung besser standhält.

3 rotierende Quadrate: Rickeys mobile Skulptur reagiert auf die Luftbewegung. Das Spiel der schwingenden Körper entfaltet sich in einem natürlichen Umfeld, auf einer nicht zu weitläufigen Rasenfläche mit Bäumen. Die Oberfläche der Edelstahlkonstruktion ist mit einem Winkelschleifer bearbeitet und erhöht somit die Lichtreflexion.

Knecht/Magd: Rémy Zaugg versetzt die Skulpturen „Knecht mit Pferd" und „Magd mit Stier" von Karl H. Bernewitz vom Ludgeriplatz auf den alten Standort im Ludgerikreisel. Fertig ist das Kunstwerk! Der Streit um die Kosten der „Umsetzungsidee" ist Bestandteil des Kunstwerks.

100 Arme der Guan yin: Ein rundes Stahlgerüst, dessen Form diejenige eines Flaschentrockners aufgreift. Es sind 50 Abgüsse von 3 Armformen mit Bezug zur Umgebung angebracht, die der Künstler modellierte.

Dolomit zugeschnitten: War die erste fertiggestellte Arbeit für die „Skulptur 77" und auch die letzte, die in einem spektakulären Abtransport (vom Fernsehen übertragen) 1981 die Stadt verließ weil sich zunächst kein Käufer fand. Zur„Skulptur 1987" kehrten die Steine zurück.

Die Wiese lacht...: Klingelhöller setzt Sprache und Skulptur als eigenständige Ausdrucksmittel ein, durch gleichzeitiges Betrachten von Arbeit und Titel entstehen zwangsläufig bildliche Verbindungen. Die Spiegelungen der rund geschnittenen Eiben im verspiegelten Geländer könnten als „Gesichter in der Wand" wahrgenommen werden.

Münster ist eine beliebte Stadt für Kongresse, Tagungen und Wochenend-reisen mit einem großen und abwechslungsreichen Übernachtungsangebot. Nachfolgend einige Adressen in alphabetischer Reihenfolge:

Hotel Busche am Dom
Zentraler geht's nicht. Im Wandel der Jahrzehnte ein Klassiker geblieben! Nur hier genießen Sie zum Frühstück den direkten Blick auf den Dom. Bogenstraße 10, Tel. 0251 46444; hotel-busche.de

Central Hotel
Individuelles kleines Privathotel direkt am LWL-Museum für Kunst und Kultur und auch selbst der Liebe zur Kunst verbunden. Aegidiistr. 1. Tel. 0251 510150; central-hotel-muenster.de

Factory Hotel
Markantes Design im Gebäude und in der Umgebung der ehemaligen Germania-Brauerei. An der Germania Brauerei 5, Tel. 0251 41880; factoryhotel-muenster.de

Hotel Feldmann
Familiär geführtes und liebevoll eingerichtetes Traditionshotel, das mitten im pulsierenden Stadtleben ein Ort der Ruhe ist. An der Clemenskirche 14, Tel. 0251 414490; hotel-feldmann.de

H4 Hotel Münster
Direkt zwischen Bahnhof und Prinzipalmarkt und trotzdem ruhig. Tolle Lounge-Bar gewährt Blick über die Dächer von Münster. Stubengasse 33, Tel. 0251 490990; h-hotels.com

Kaiserhof
Traditionelles First-Class-Hotel direkt am Bahnhof und seit mehr als einem Jahrhundert in privater Hand. Der neue Beauty- und Spar-Bereich fühlt sich diesem Anspruch verpflichtet. Bahnhofstr. 14, Tel. 0251 41780; kaiserhof-muenster.de

Mauritzhof Hotel Münster
Edles Design-Hotel direkt an der Promenade mit sehr individueller künstleri-scher Ausstattung. Eisenbahnstr. 17, Tel. 0251 41720; mauritzhof.de

Mövenpick Hotel Münster
Sehr gehobenes Tagungshotel mit exklusivem Restaurant, neuer Wellness-Etage und direkt am Aasee gelegen. Kardinal-von-Galen-Ring 65, Tel. 0251 89020; movenpick.com

Hotel Schloss Wilkinghege
In 3. Generation privat geführtes Hotel in einem Wasserschloss mit sehr gehobener Küche. Direkt am Golfplatz gelegen und auch für Radfahrer willkommener Ausgangspunkt Münster zu entdecken. Steinfurter Straße 371, 48159 Münster, Tel. 0251 144270; schloss-wilkinghege.de

SeeZeit
Modernes Hotel direkt am Aasee mit günstigem Gästehaus; Studentenrabat-te. Bismarckallee 47, Tel. 0251 48426888; seehotel-muenster.de

Stadthotel
Zentrales Tagungshotel mit frischer und funktionaler Note und eigenem Parkhaus. Aegidiistr. 21, Tel. 0251 48120; stadthotel-muenster.de

Münster-Mix

Unsere Stadt ist bunt! Hier stellen sich Unternehmen aus Münster vor:

Hafenkäserei
-MEETS-
FINNE

LOCAL *Craft Food* AM HAFEN

- Einzigartige Eventlocation
- Bio-Schaukäserei, Führungen & Seminare
- Heiraten am Hafen
- Craft Food Tastings
- Täglich Mittagstisch
- Family & Friends Sunday mit Frühstück

MEHR INFORMATIONEN UNTER WWW.HAFENKAESEREI.DE
AM MITTELHAFEN 20 · 48155 MUENSTER

UNSERE AKTUELLEN ÖFFNUNGSZEITEN:

MONTAG UND DIENSTAG:	11.30 - 14:30 UHR
MITTWOCH UND DONNERSTAG:	11:30 - 22:00 UHR
FREITAG:	11:30 - 14:30 UHR
	GENUSS-EVENTS
SAMSTAG:	GENUSS-EVENTS
SONNTAG:	9:00 - 18:00 UHR

(GENUSS-EVENTS: SIEHE VERANSTALTUNGSKALENDE)

MÜNSTERS ERSTE ADRESSE FÜR HOT DOGS

★★★
HOT DOG STATION
MORTHORST AMERICAN FOOD

Mo-Fr:
11-19:30 Uhr
Sa:
11-18:00 Uhr

SINCE 1992
HOT DOG STATION
MORTHORST AMERICAN FOOD

Wer hat noch nicht bestellt?

Morthorst American Food, Inh. Jutta Morthorst · Bolandsgasse 4 · 48143 Münster

Ristorante Dell' Isola

Frische italienische regionale Produkte, wie z.B. Fassona Rindfleisch, frischer Fisch aus Wildfang, San Daniele Schinken und mehr als 170 Sorten bester italienischer Weine, erwarten Sie. Wir freuen uns auf Sie!

Leo und sein Team Dell' Isola

Mo, Mi, Do, Fr, Sa 12:00 - 14:30, 18:00 - 23:00 · So 17:30 - 22:00
Dienstag Ruhetag

Ristorante Dell' Isola · Aegidiistr. 58-59 · 48143 Münster

GUTE WESTFÄLISCHE KÜCHE • SEIT 1607
ALTER STEINWEG 37 • 48143 MÜNSTER • TEL. 0251 45595
WWW.GASTHAUS-LEVE.DE

SPITZNER
IM OER'SCHEN HOF

WECHSELNDER LUNCH
inkl. 0,20l Wasser für 12,00 €
Di - Sa 12:00 Uhr - 14:00 Uhr

Restaurant Spitzner im Oerschen Hof
Königsstraße 42 · 48143 Münster
Tel. 0251 41 441 550

www.oerschenhof.ms

RICHTIG GUT ESSEN
IM HERZEN VON MÜNSTER

Gabriel's
...im KAISERHOF

Montag bis Samstag
18 – 22 Uhr
und nach Reservierung
Gesellschaftsräume

Entspannte Gastlichkeit
bei einem gepflegten Dinner,
ein geselliger Abend
in größerer Runde,
kreative Küche und
gute Weine
in stilvollem Ambiente.

Bahnhofstraße 14 · 0251 41 78 600 · www.kaiserhof-muenster.de

Lass dir eine
SCHMIEREN

Denn hier treffen liebevoll und
frisch zubereitete Aufstriche auf
traditionelle Brotkunst, köstlichen
Kaffee und edle Weine.

Liebe geht doch durch den Magen!

hunderteins
KAFFEE, BROTGENUSS & WEIN

hunderteins im Mauritz-Torhäuschen
Mauritzstraße 27 · 48143 Münster · Tel. 0251 4840004
www.hunderteins.eu

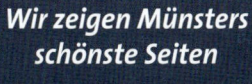

Hinweis: Öffnungszeiten, Veranstaltungsdaten, Anschriften und Web-Adressen können Änderungen unterliegen. Die in diesem Werk enthaltenen Informationen sind mit größter Sorgfalt zusammengestellt und geprüft worden. Allerdings kann keine Haftung für die Richtigkeit der Informationen übernommen werden. Für Anregungen und Hinweise sind wir dankbar.

Impressum

© 2018 münstermitte medienverlag GmbH & Co. KG, Münster
www.muenstermitte-medienverlag.de

Alle Rechte vorbehalten.

Satz, Layout & Covergestaltung: Michael Krybus, Münster

Druck: Bitter & Loose GmbH, Greven

ISBN: 978-3-943557-46-6